李憲鳴（雲子）用玄學談智慧的啟發

李憲鳴 著

作者簡介

雲子李憲鳴

在中國本土文化中有老子（玄學）、孔子（儒家）、墨子（墨家），其中玄學與儒學成為中華文化的主要的思想，儒學以伏羲八卦（易經）為主，主要是用於生活；玄學則是以老子《道德經》為主，主要是用於自性。

在時間的長河中，中華文化經歷了無數的改朝換代，衍生了現在的台灣與大陸是不同的制度，雖然是同祖同宗同文，但是卻產生唯物論與唯心論，同時也造成了文化傳承的差異性，現在雖是科技發達的時代，網路資訊無遠弗界，也因為大環境的變化，讓人們的心靈空虛不自在，大多數的人逐漸想探索內在的自己，想了解自己及生命的意義，內在的渴望，希望能有一股力量，能夠真正的了解自己，並且讓心靈得到自在與自由，不再受限外在於環境的影響，而產生心靈的空虛與不自在。

上天慈悲，深感現在的我們，因為追求外在需求，讓心處於水深火熱當中，心因為追求物慾而痛苦疲乏，也因為我們心的渴望，上天接收到我們的祈願，讓生於此時代的我們，能有幸遇到一位已成道開悟的老師，來教化我們的心靈，能讓我們的心能常清淨，更能由內心了解真正的自己，讓心得到安心與自在。

李憲鳴老師，號：雲子，出生於雲林，在一九九九年，雲子於剎那間智慧開啟，跳躍宗教洗禮的進階程序，愿力及身得先天道法，洞見宇宙自然真理。並於跨越二十世紀的當晚，在屏東四重溪脫胎換骨後，開始各個時期不同階段的歷練，從二〇〇〇年開始歷經三年研修，九年歷練，行力道述真理，關懷世人。

雲子師承老子思想，對於玄學、道學有著精闢的見解與體悟。雲子睿智融合了玄學、儒學，並將玄儒兩者學說合而為一。

雲子的理念：教導眾生透過研習《道德經》，授予先天修持之法，宇宙自然大道之真理，修持自性與天地同在，倡導老子的「天人合一」，即是所謂：「以後天之體修先天之性」，內修道，外修德，成就自性回歸本位。

從二〇一三年六月一日起，雲子宣布：「要將神話轉為文化，即是道真、理真、天命真」，將玄學落實於本土文化，經由授課和網站、書本的發行及推廣，期盼藉由道的力量，也就是自然的玄學定律，來教導大家，依循培德，修道的心，將人的生活意識裡的一切印象拋棄，回歸重拾自性的清靜，不再受限於人性的思維，而沉淪於人生苦海之中。雲子思想的極致表徵，就是所謂「從致虛極來，回致虛極覆命」。

自序

啟發智慧的關鍵在於「心」

生活的藝術來自於智慧，而智慧是知識與常識的結合，「知識」是由教育與學習所得到的，「常識」則是永恆不變的道理，「智慧的啟發」融合了古今智慧，希望能藉由淺顯易懂的經典之理與讀者分享，讓這善智慧的種子能散播於讀者的心，啟發讀者的智慧。

生活看似一成不變，卻是無常的，面對人生的無常是需要智慧的，這樣才能夠用平常心接受與享受生命的變化，其實我們的生活可以很簡單自在，只因人的心念過於著重於外在的生存之道，導致生活變得複雜而心不安，因此生活需要捨棄一些不必要的繁瑣，讓一切回歸於簡單的狀態，然而自身的心念也就能夠單純自在，「捨」可以養福，「靜」可以益壽，心靈有家，生命才有路，生活在於「養命養慧」，才能讓生命處於平和與寧靜之中。

目錄

玄學

老子《道德經》所屬的玄學，注重內在心法，以培德做為基礎，再由心性法門開發，闡揚德中有道，道中有德的理念，讓我們能夠天人合一。

玄學除了教導我們為人處事的道理外，也藉由遵循自然的德性，引領我們進入道的世界，體會自性的境界。學海中求智慧，擺脫人世苦海，跳脫輪迴。

慈悲

吃素不代表是在修道，但修行、學道者就要以「慈悲」為出發點，有菩薩的心態就會去愛護眾生，因為眾生都是平等的。

宇宙的生命非常的慈悲，一曰慈二曰儉三曰不敢為天下先。慈是長上惠愛其下，道如同慈母般在照顧著我們，受到慈母的厚愛即是慈，這是第一寶。儉是節儉、去六欲，沒有過多的需求欲望就會減弱，則是第二寶。第三寶是不敢為天下先，因為道很大，我們皆在道以下，無法超越道也離不開道及道母的慈。

修道者知道了道的「厚德載物」就會對道有信心，鍛鍊好自己心性的功夫才能「慈悲」。

執著

「道」是非常的微妙，多一分少一分都不適任，太過於執著我要學道，要在道裡用心去學要抓住、擁有道是成不了道。

但是覺得道就在自然之中，我們人就在道中何必學道、修道遠離道，那也成不了道。修道本身需抓住那竅門火候，進入道中時要進入道的自然，要如何善加利用上天給予自然的力量，育養我們的自性充實自己？

「讀破千經萬典，不如明師一點」要正正當當的走在大道成為一個完整的人，而不是飛蛾撲火用窺視好奇的心態來看待這世界，修道學道是不搞神通顯化，那是不實在的。

近取諸身　遠取諸物

一直以來不管是那一個宗教，都有在探討宇宙的奧祕以及靈性如何回歸於本位，才有所謂的「近取諸身；遠取諸物」。

「近取諸身」亦是指我們的身體及周邊，「遠取諸物」是指日月及五行星，即所謂的「七政」，用七政合乎我們的內五行，內五行是指我們的五臟六腑，在《黃帝內經》有講到五臟六腑的屬性，這些屬性對應著自然的屬性，例如心臟屬火對應火星，「屬」是屬性的，並不是絕對的物質，「還虛五行合七政」，人的內五行一定要合上天的七政，即是小周天應付大周天，如果身體好的話，就可以遠取外面的諸物，如果身體不好時，體內的五行無法相生，因而產生相剋，那小周天就無法運作，也沒有辦法與外在的五行呼應，所以一定要把自己的身體照顧好，讓身體的五行能夠相生。

生活的藝術

《道德經》非常的深奧，但老師稱那是層次的問題，我們不管聽懂或聽不懂，都要將老師所上的課植入於（心中）再應用於生活當中，《易經》、《南華經》、《道德經》就是我們的生活藝術。

人最欠缺的在於精神（自性），從小我們開始學習後，接受了教育到進入社會，在人文期間就會有受、想、行、識、七情六慾並產生了妄情妄念，人的意識形態即被「蒙塵」。

正法眼藏，我們處在眼睛看不到當中，處處步入危機，人只不過百年身每天都在減壽當中，先人留下一些經典告訴我們「從無而來要回到無，回到我們自己的家。」在哪？無從而知！才產生各門各宗各派的一個傳說。台灣是個多宗教的島國，道聽塗說的也非常多，有的說它是正法，但是我們要有所依據，依據從經典而來。

《用玄學談老子〈道德經〉》，當中的「用」是「力行」。「中國本土文化」《道德經》包括在內，《易經》、《南華經》也在內，這三本是它的典故、經典，而我們一切都在「生活的藝術當中」。

生活的藝術沒有一定的規範也沒有一定的規矩，雲旨玄學它沒有戒律，但最大的戒律就是「自然」你要合乎自然、回歸自然，我們一切從無而來，來到形而下─有形的世界，看到形形色色一切的物質；老師不講大道理，法律是道德最低的規範，只要不違反法律那就是在實行「道德」。

人每天都在犯錯，我們的思想我們的行為舉止常常有錯，但我們要以自然的習俗、自然的本質來規範大家，這是民情風俗，該怎麼做就怎麼做，不違背道德的本質。

人身難得

「子開天，丑闢地，寅生人」開天闢地之後萬物萬靈便存於天地之間，萬物之中人佔有很大的優勢，人體有二十四筋絡、二十四節的脊椎、十二對神經，神經成放射性分布於全身與五臟六腑，其屬性與天地的屬性一樣，這是人的構造與六道中的動物不同，動物的身體結構都有缺失，因而無法修道將自性回歸到原來的地方，可見人是多麼珍貴，能夠起而行，走正道。

每個人都希望能夠長壽、健康、富有與擁有權利，但是人不可能十全十美，不可能所有的希望都能集於一身，因此要延年益壽或是要富有過一生，我們要能夠有所選擇，是要眼前的好？還是要未來的好？則要有智慧抉擇，成為人有很多的好處，有智慧可以做選擇，也能夠利用自然界的力量，借由後天之體來修回先天之性，回歸於本位，這是人跟動物最大的不同。

向真理低頭

向真理低頭：
我們只願在真理的聖壇之前低頭，
不願在一切物質的權威之前拜倒。
我們人人要存著必勝的決心，
然而我們也要不怕屢敗的挫折，
因為我們處在正道之中。
修道的成果，決定因素應該是勤奮，
有幾分勤學苦練，天資就能發揮幾分，它是成正比例的。
時間就是生命，時間就是速度，時間就是力量。
讀不在三更五鼓，功只怕一曝十寒，
成就在腳踏實地，心口合一，實修實練。
種瓜得瓜，種豆得豆。
種下一門深入的種子，用內德來滋養，才能得到福慧雙修的果實。

培德去欲　自性成佛

在宇宙天地之間，只有人的肉體有資格承載「自性」一般來說是先有自性後才有肉體，以道（虛空境界）的智慧來引導，成就靈肉合一後的人性與肉體，絕非僅僅是克制人性、折磨肉體，就可成道的。

因為每個人的根源都是從自性來的，都有成佛的屬性，而自性的源頭就是「道」。肉體在人世間受到五蘊（色、受、想、行、識）六欲（色、聲、香、味、觸、法）所產生的欲望牽累，當欲望越重，人性就越重，要成道就越困難，以致一直在人世間輪迴。

我們要除去欲望，要履行德性的義務，實行仁義禮智信，智在中間，用虛空境界的智慧帶動仁義禮智信，回歸到元亨利貞，乾在中間，回歸於先天。

我們要培德、行德，要行仁義禮智信，仁義禮智信從（心）開始做起，心存善念便會有善良的面相，相由心生，一切從心開始。

靈、能、質

人需要兩種能量，一種是太陽的能量另一種是吸收食物營養的熱量，這兩種熱量在維持我們的生命，一種是維持我們的質，一種是在維持我們的靈。

如果肉體滅了就塵歸塵、土歸土，但是我們的自性不會死，自性會回歸於我們的本位，但是如我們沒有修持的話也回歸不了，欲修「自性」須先從「人性」修起，把不必要的貪欲去掉，才能成為有德者然後再修心性，修心性則要透過「心法」以小周天呼應大周天讓我們的松果體再度活絡起來，使我們的身、心、靈再度呈現嬰兒般的本能，不失真、不虛假的那種思維，恢復本來的「自性」。「培德」從內心培養德性由內心自然散發出來，培德產生惻隱之心這是形而下的功夫，形而上則是慈悲，把眾生當作是自己的孩子照顧，以「德」為標竿身體力行培德，但我們身體亦須要有自性，人的肉體要有靈附著才成為一個有靈性的人，人是由靈、能、質所結合而成的，所以把握在世為人好好修持。

物以類聚

我們人出生是命，是四方形的，人是陰命陽運，運是圓的，今天你出生在這個家庭，那是你的命，早就註定好的。運是運作，運好的話就會碰到好的事情，一般來講要改變命運其實是要改變運，用你的命改變你的運，要去創造自己的生命才能夠改變自己的運勢。

要如何才能有好的運氣呢？「物以類聚」同類相應、互相影響，於是近朱者赤，近墨者黑，如果希望遇到善知識、善眷屬、善友、那麼就應當先端正自己的身、口、意，如此才能得到善知識、善眷屬、善友的圍繞、提攜與幫助。

我們人體本身就是「氣聚」的個體，如果能將外在好的「氣息」齊集於一身再加以「行運」將不好或老舊的氣運轉送出，使身體常保如新，刺激我們人體的細胞活化，必能吸納好的「氣息」，「氣場」也能吸收好的運勢與運氣，感染到好運氣使你的家庭圓滿、事業亦能一帆風順。

知道

學法如沒有辦法斷習，在人、事、物上，常以負面方式去看待、批評，表示你這些日子來，對於老師所教的經典，只是「知」而已，跟本談不上「道」，因為你的善念沒有增長，心量不大，三毒不滅，內心就沒辦法清淨，如何去力行、行深布道？

靜坐

人除了八小時的休息之外，其餘時間該如何修為、修練呢？時下最流行靜坐！並非坐著不動就是靜坐。靜，是為了讓能量能夠進來，但往往我們自性的思想會將能量阻隔在外，阻隔在外的同時，也在付出我們的能量。所以說，我們每天都在消耗我們的生命。

收視返聽

講話就會用到眼睛，對於眼睛所看到的就開始敘述、解釋，這東西是什麼、怎麼樣跟怎麼樣等等…，同樣地，經由耳朵聽到的也會用言語表達。人只要有任何感覺進來，無論看到、聽到、想到皆想用話語去表現，但在表達的同時，氣往往也隨之喪失掉。所以，一直講話就是在耗弱我們的生命，唯有靜止、休息時能量才能補充進來。

動之以情　止乎於禮

天行健，君子以自強不息「健」是剛的意思，屬於陽，天體是逆著運轉，地球是順著在運行「天行健」表示宇宙是不斷地運轉，並不會停止的，只有人的生命才會停止；人的形骸是會毀滅的，天以下的物類都會毀滅，但是我們的靈不滅，不過沒有修為的話，靈還是會滅亡的，所以我們要吸收天地之間的能量，讓靈性返回本位，靈性才不會滅亡。修道者要認識「天清地濁、天動地靜」，自性本是清的，我們要去濁上清，將六欲去除因而不會生貪、嗔、癡三毒；不能用自性壓抑人性，而是直接從人性中去除，不要讓人性汙染了自性，汙染了靈體的境界。人性皆是「空相」，自性則是「境界」，兩者非常相似不易分辨，只有自己的「心」能分辨，人世間的歷練是在磨練我們的「空相」，而「境界」是自然產生。修道不能墮入於人情道，剛開始是動之以情、止乎於禮，但進了修道之門自己要能分辨所學的「道」是將自己帶入「境界」或往「空相」？如是「空相」就離開，是「境界」就留為自己好好修持，不要有人情的牽絆，進了修道之門要依法、依真理而修，不要依人情而修。

仁心——不二心

修道是於漸進中求精進，要相信自己，沒有懷疑與夾雜，要正心，亦是一心一意，如果受外界影響，念頭產生二心、三心，那你的心識就濁了，而產生了分別、執著，而阻礙你的修道之心及浪費你的時間。

不進則退

修道者不能滿足於目前修為的現況，必須每天都要精進，不能離開修道，一旦滿足於現況而離開，便會不進則退，永遠停留在原地，無法回歸於道。時間是不等人的，不要因為滿足而怠惰了。

你要行功也要了願，要修道也要佈德，最重要的是要培德，要把我們的德性培養好，這樣才會有好的德性。

我們修道不要受影響而終止了修持，不要讓自己有藉口想休息而暫停了修行，修持是不能停歇。再忙碌也要修持，不要因為環境因素中斷了。

奉獻、回饋、不求報

隨時隨地心存感恩，以心力、體力、財力與智慧來做一切的奉獻。

奉獻的時候，態度是恭敬的，而不是以施捨心來付出，否則便會自以為是施恩者，產生了自以為了不起的心態，認為自己做了很多功德，而且一心期待對方回饋，這是不知慚愧。

相反地，接受布施或服務的人，則要把對方當成恩人，感念他人的恩德。也就是彼此都存著奉獻、供養、感恩與報恩的心，一方以感恩的心奉獻，另一方以感恩的心來接受。

不如守中

人的特質之一是能言語，所以，講話本身是好的，但要看用於何處。若是用於有益之處是可以的，但若用於廢話則會傷氣。如何不傷氣？最傷氣的地方就是講話，話多傷氣，傷我們的精、氣、神、我們的自性。靈子往內生精神，能夠吸收進來就會生精神，成為丹藥。精神往外便成物質，在物質裡就會去追求七情六慾、妄情，於是貪、嗔、痴就出現了。因此，精神進來時一定要守住！

鵬程萬里

我們出生到現在受到環境、家庭及一切種種的影響，讓我們產生了一些欲望。因時間與空間的幻化然後長大成人，進到社會之後就有了欲望，我們要去除人的心態、習性才能親近大自然感受到它的奧祕，也希望自己的自性能與自然界契心契合。《南華經》有一段如下：「鵬之徙於南冥也，水擊三千里，摶扶搖而上者九萬里，去以六月息者也。野馬也，塵埃也，生物之以息相吹也。天之蒼蒼，其正色邪？其遠而無所至極邪？其視下也，亦若是則已矣。」大鵬擁有一副令百鳥羨慕的巨大軀體和翅膀，這是大自然賦予牠的優厚生理基礎，在此基礎下大鵬樹立了更高、更遠的目標和理想飛上九天，飛向南海。我們人更應如此，宇宙賦予我們智慧，須一點一滴的努力，「滴水穿石」努力必定會有結果。「鴻鵠之志」樹立自己奮鬥的目標並力行之，想要返老還童成為有德性的人不是不可能，只要我們能知其竅門方法利用智慧、神識與自然界契合，但這不是一蹴可幾，就像大鵬鳥最後能在天空中逍遙也是長時間默默耕耘，我們想行功了愿得先有善念，並將德性培養好才能步入正道修持。

心安

修行者，要真實、踏實、守人倫大道，認理歸真，不要在形相中捉摸。任何一個法門修行要達到成就，必須以心安為基礎，如果捨離心安，則是非道。心安的法則，就是努力做到無悔、無恨之地。

衆生怕果

「眾生怕果」，指的是「眾生」（無知的人）起心動念，無知顛倒，讓貪欲、愚癡的邪惡之心充滿心田，因此縱容身體、語言、意念，毫無節制，最終超出身體的負荷與承受能力，導致痛苦煩惱加身，苦不堪言（果）。眾生之所以為眾生，就是因為無知、愚痴，所以做任何事情，都是自私自利，不會三思而後行。

人的一生當中，往往天不從人願，不如意的事接踵而來，這是因為你的前世與人結了許多惡緣所造成的，而這一世你必須要去圓滿前世的因果。有了前因就有了後果，要虛心的去接受，要用誠懇的心及行為去身體力行，這樣才能消除前因而結下「善果」。

若要「結善果」，就要從現在做起，以懷德的修養去面對跟你有緣的眾生，凡事以德報怨，以「圓滿」前世今生的心態，去處理每一件事，不與人結「惡緣」，就不會留下「因」，也就不必輪迴來「圓滿」這個「果」。

無爲而爲

要入道的境界就往上一直沖，也就是「層次」我們這個地方是九重天，九為陽，陽數以九代表，陰數以六代表，這是九宮八卦裡面的數，是河圖洛書的數；九重天並非是九九八十一天，也不是說有三十三的重天，它是指我們的「層次」。而天沒有層次「天」在佛家講的是「一真法界」是個圓，在道家稱是一個宇宙，宇宙是有生命的，代表有兩儀與陰陽，太極生兩儀，兩儀之下有四象（老陽、少陽、老陰、少陰），四象之後生八卦（乾、兌、離、震、巽、坎、艮、坤）運用在自然界。我們不要受到眼前所看到的限制，要衝破「重天」也就是要衝到三十三天以外進入到所謂「混元境界」；混元就是無極也是有太極，太極等於無極。

「遺珠之憾」是莊子在《莊子．天地篇》用黃帝遺失玄珠的寓言，內文為：「黃帝遊乎赤水之北，登乎崑崙之丘而南望，還歸，遺其玄珠。使知索之而不得，使離朱索之而不得，使喫詬索之而不得也。乃使象罔，象罔得之。黃帝曰：『異哉！象罔乃可以得之乎？』」對黃帝而言玄珠是寶物，人人想據為己有，但有智者皆尋不到，卻讓罔民找到了，因他不知玄珠是何物，沒任何欲望，不失真不失假而能無欲則剛，「靜中自然能覓得此能量」。

人生如夢把握當下

有一「黃粱一夢」的故事，是呂洞賓修道前所做的一個夢境，描述他的人生從赴京趕考到終老走完人生只用煮一道黃粱的時間，以現在時間來說約一個小時，當他醒來時一生就已經過完了，夢中的他榮華富貴集於一身，權高望眾、子孫滿堂，但醒過來時卻是一場空，本要趕京赴考從此放棄而選擇了「修道」我們人生就如「黃粱一夢」，到頭來醒過來也會是一場空。修道則是最好的事，比黃粱一夢、位居宰相、金玉滿堂更好，所以呂洞賓拋棄所有的一切，去做他認為最好的事。

人要修道並沒有規定要以哪一條路當作修道的起點，每個人都來自不同的家庭環境，只要發心修持便可修道，修道沒有一定的規矩，我們都在自然之中，珍惜把握現在的修道環境，遵循著道與上天的德性，學習上天的「德」，當得到「道」的時候就會讚譽「道」，原來「道」是這麼的好並會想去親近它。

心念

現代人為了生活，忙於交際、建立關係，但從人類有歷史以來可知，人與人之間的互動只要一建立在利益的關係上，就有爾虞我詐的情形發生，處心積慮想要打敗對方求得勝利的生存。如何在處處是危機的今日，不墮入意念的深淵中，解開心靈的枷鎖，常保心之清明。

在《莊子．齊物論》篇章中：「其寐也魂交，其覺也形開。與接為構，日以心鬥。」人為了有個安逸無虞的生活，每天想盡辦法勾心鬥角，將心思全放於爭奪的計謀上，這是一般所謂人的生存之道，因為沒有先滿足慾望的溫飽，其他事都沒得談。但當我們為過多的慾望日尋煩惱，將全部精力投放在求生存這件事，晚上睡覺會因白天這些外物的纏心，而魂交做夢無法安然休息，此時你跟你就會互鬥，也就是你的識神跟你的元神在鬥。當魂魄離開肉體、形體，人有如行屍走肉般失了靈性，任由識神凌駕元神，這對我們而言是件非常不好的事。

生存雖是人求生的本能，但如何在萬惡的念頭中不失方向取得中庸之道，則需依靠我們本來的智慧。順應大道真理而行滿足基本需求，不做份外的慾望之求，就不會勞心勞力，也就不被他物所困。

大中至正

天與地之間就是所謂的「宇宙」，天地之間是在一個「圓」當中，就像「雲旨」的圖相一樣，這個「圓」代表整個宇宙，這就是天地，所有的一切都在圓裡面。

天地是自然的發生，地是創生——創造生命，而人是好生——天生地養、一直綿延下去，所以天地不是自生的，並非父母所生；宇宙這個圓是沒有父母的，如果有父母的話就非純陰純陽，而天地是純陰純陽之炁，所以能夠長生。

「天下一切的物相都非純陰純陽」，我們人也是非純陰純陽，人有男女之分、有父母關係，因此我們要將自性回歸於純陰純陽，如此才能夠和天地一樣長生。

人的肉體屬陰，體內有金、木、水、火、土五種屬性，五金配合五行，地球的五金如同人體的五行，兩者是相呼應的。

「人體」為「陰」，真金為「自性」為「陽」——「陰包著陽」，而「靈子」是「負陰抱陽」；一種是「陰包著陽」，另一種是「負陰抱陽」，如果這兩種能夠中和的話謂之「中和」

「中和」則是「大中至正」，「大」代表宇宙，「中」是中和的意思，「至」代表「致虛極」，「正」則是元亨利貞的「貞」，「正」與「貞」即是人「命終返天」的意思，代表人的使命已經完成了「大中至正」的意思，則是我們從致虛極來要回到致虛極去，亦是「命終返虛」。

但是修道者做任何事須以「道德」為一，用德性來規範一切的行為。

金水相濟性命全

我們修道要修到天一生水，「一」是奇數為陽數，地二成之，「二」是偶數為陰數，我們一定要陰陽協調；陰陽協調即是我們的心與腎要協調，心屬火，腎屬水，陰陽要協調，則是要水在火的上面，火候能讓水煮沸產生水蒸氣，清淨的水蒸氣會往上到腦部，水蒸氣會使我們的腦部變清明，所以水火要既濟便能夠性命全。

「金水相濟性命全」，金代表自性，水火既濟代表後天的生命開始進入修道，這只是修道的第一步而已，所以我們本身的水火一定要既濟，腦部自然就會清明，對於事情就有智慧分辨與判斷，不會因為事情起了煩心，讓心火升起，而用人的心態處理事情。

無始

佛教稱不知不覺為「無始」。無始即無開始，引申為不知不覺。

各宗派通用的懺悔文其第一句為：「我昔所造諸惡業，皆由無始貪瞋痴。」解釋為：「我以前所造的一切惡業（惡行為），都是由無始（不知不覺之中）中之貪、瞋、痴所造成的。」

了解「無始」真的相當重要。無始的貪、瞋、痴實在太可怕了，而人的心便是如此。不知不覺中犯了錯，但一旦自覺了便一一加以排除，時時刻刻提醒自己，那麼容易染塵埃的心便會明淨了。明淨的心，會使說話的口氣溫和下來，整個容貌顯得溫柔親切。各位若能持之以恒在雲旨玄學修行一段時日，一定會發現自己的「忍」及「脾氣」等改變了許多，更會發現自己的容顏開朗煥發。修行確能使人趨向和善。

善念

「四達」是「仁、義、禮、智、信」意指四個城門，即是所謂的「鄞鄂」。我們要如何吸取地的能量，形而上的陽能量，這是一套功夫，當陽的能量進到體內時，不要輕易放射出去。

宇宙當中充滿著「氤氳」，「杳兮冥兮、恍兮惚兮」，宇宙奧祕的能量綿綿若存在我們四周，但是因人的意念、欲望太多，致將能源排除在外，無法拿到，所以我們須將四方的城門鞏固好，將不好的欲望先清除掉；一物一太極都是剛柔並濟，我們內在屬柔、外在屬剛，內在的柔要吸引外在的剛進來才能夠剛柔並濟。

所以，我們一定要有「善念」要「培德」把德性培養好，誠心誠意專修於正道。

聞道

高等研究學問的人聽到道，有智慧而不懷疑，會實際去行之；中等研究學問的人聽到道的消息，心有懷疑，有時行之而有時無；智慧未開的愚夫聽到道，大聲笑而不信。

已經明白道的人會將銳氣收斂，自然而不做作，將修持的道德收藏而不顯露，且時時勤而行之，去除不好的習性好像在退步，卻是在進步。

好的德行就如同山谷那麼空曠，道像白色般的潔淨，不能受到恥辱而有瑕疵，就如沒有將道德行深佈廣，建德業不能大肆炫耀要低調為之，道寬大廣闊沒有任何邊角，天地之間非常廣大的景象，無法用人工塑造成一個形象，大道無名、無法說。修道者都要善待道母的能源，圓滿後再回歸於道母。

君子不重則不威

《道德經．輜重章》第二十六章：「重為輕根，靜為躁君，是以君子終日行，不離輜重，雖有榮觀，燕處超然，奈何萬乘之王，而以身輕天下，輕則失臣，躁則失君。」我們都知道重的東西一定在下面，輕的在上這是很自然的，因為地球有地心引力，也有南極與北極，兩極相吸而運作如同磁鐵會吸住所有的東西，所以重的很自然會在下面，輕的則在上，代表著地球本身有吸收與放射的能量，地球就像人一樣會呼吸。人要效法天地、效法自然，天為乾屬陽，地為坤屬陰，我們要和天地陰陽的能量同時存在。

天是寂靜沒有思想而人有思想，我們要與宇宙同在就要將思想放空——即是「無念」，如果念頭多有惡習的話，人自然會變得沉重——濁者下降，念頭是濁，會汙染宇宙的寂靜就無法與宇宙同在，所以要將念頭修到「無念」的境界，自性變輕才能回歸本位。

修道者的心情與情緒不能有任何的起伏，情緒起伏時人性的心氣會往腦部注入，先天之炁就無法進入體內，我們要「靜」讓體內的水火既濟，最重要的是「培德」要修持內德，所謂「內聖外王」的功夫就是經由內在德性的培養，進而修正外在的行為，所以必須注重內德的培養，做到「內修內德、外行外功」直至內外兼備。

輪迴

人的荷爾蒙是三七比例，男性的雄性荷爾蒙為七分、雌性荷爾蒙是三分，女性的雄性荷爾蒙是三分、雌性荷爾蒙為七分，這是「男女之分」陽中有陰、陰中有陽，不過我們所追求的奧祕不是在陰陽之中，是要超越於「陰陽」，所以天下所謂的「眾仙佛」、「聖人」這些無我、無私、非我的人將所走過的路且能夠成就的經驗顯示於經文當中，讓處於後世的後學們，能透過實修經文的理念，得以陰歸陰、陽歸陽，讓自性歸於原本的來處。

我們人的肉體是靈子的精華，我們的靈體（靈子）是來自於自然，我們之所以會輪迴是因為我們有靈魂，而靈魂是我們靈性自性多出來的「渣」，因為靈子較重無法回去，我們一世傳一世、一世一世的輪迴，「殘渣」越來越多靈子就越重，因此沒辦法回歸本位，心經有提到「舍利子是故空中」，空中充滿著舍利子（靈子）靈子都在我們的旁邊無所不在，我們人是由靈、能、質所構成的。

我們常會在醒世的書本上看到一些故事：「某人做了壞事然後要出生為九世的牛、幾世的羊才能完成此輪迴，因為犯了天條、罪惡，這世當牛下世仍是牛。」或在電影上也曾上演九世乞丐，每世都當乞丐為什麼呢？因為我們的自性未改變。

人如果沒有德性的話死後還會再次輪迴繼續當人，或是輪迴於畜生六道，這一世運氣好能夠當人，但是下一世就不一定，所以我們要為自己的以後打算；「培德」、「修道」凡事以德報怨，以「圓滿」前世今生的心態去處理每件事，不與人結「惡緣」，不留下「因」也就不必輪迴來「圓滿」這個「果」，如此才能享受極樂世界的自在。

心靈有家生命才有路

生活在於「養命養慧」，無需複雜，只要簡單就夠了；人生是一條河，漂浮是快樂，沉默也並不就是墮落。風是偶然的，雨是偶然的，人卻可以將每個偶然好好地把握，將每一抹灰色變成亮麗。我們要學會在失意的時候送自己一份好心情，展現一個燦爛的笑容給藍天，更給自己。

生活應該是愉快的，人生在世，不能沒有慾望，生活總是一直變動，環境總是不可預知，現實中，各種突發狀況總是層出不窮。人們對簡單有一種恐懼，認為簡單代表窮，其實這是錯誤觀念，簡單是一種心態，你把自己放在簡單的狀態下，反而會想得更透徹，更知道自己該努力的目標為何，成功自然就不遠了。

當你是快樂時，悲傷便在一旁窺視；而當你是痛苦時，那隨之而來的就是歡樂。到了最後，你會發覺，每一樣都配得好好的，每一種痛苦與快樂，每一樣你所得到的和失去的，好的與壞的，到了最後，你仔細去算算看，加加減減之後，那個數字將會是一樣的。

人生處處有磨難，活著就是一種修行。生活就像一面鏡子，你哭它也哭，你笑它也笑，確實如此。每當遇到煩惱心情很糟時，會感覺，想到的看到的都是失望和痛苦，簡直無法過日子。反之當你心情舒暢沒煩惱時，就感覺生活是多麼的美好，心裡就充滿希望和快樂！

當你對自己微笑時，世上沒煩事能糾纏你；當你對自己誠意時，世上沒人能欺騙你。活在別人的掌聲中，最易迷失自己；處在別人的關愛中，最易弱化自己。敢於面對困境的人，生命因此堅強。要感謝給你提意見的人，他使你成熟；要感謝給你造困境的人，他使你堅強。

念頭

人的欲望想在心裡面則稱為「念頭」，各位不要小看自己的念頭，當念頭升起時會牽動身體內五臟六腑的五行，內五行開始運轉，同時我們的念力會反應於宇宙之中的舍利子，而舍利子與宇宙的五行之氣相通結合，再由日月運作，好的念頭便成就好事，不好的念頭則成就壞事，人的念頭在一念之間，我們要培養好的念頭，因為好念頭能夠通天徹地，與外五行之氣相呼應，人的內五行無法與外在五行相通時，那體內的物質會滅亡，而我們的生命也會滅亡。

規矩

「孔德之容」老師之前的解釋是拿著外圓內方的古錢幣，從方孔看出去，外圓內方代表「陰陽」也代表「規矩」其意思是以陰陽來看道。規矩就是陰陽，你要循著正的陰陽走，圓代表陽、方代表陰，孔子曾說「父母在不遠遊，遠遊必有方。」此「遠遊必有方」是在講陰，告訴我們，你出門遠遊或是從這一處遷移到它處要「慎終追遠」須將你的祖先也就是所謂的「公媽」帶過去，不可將那源頭、來源弄丟了，所以在我們的廳堂就可看到，圓是陽，用於神明，祖先屬陰，中國人非常有智慧以香爐作為代表，祖先的香爐就用長方型的用「矩」用錫去做，你要惜這個矩也就是要「襲明」要正規矩，繼承此傳統、父母與祖先所留下來的這些規矩，還有先人的精神都要去遵循它，這才叫做「規矩」。

孔德之容另外解釋是透過有孔的竹管看天，所看到的只是一點點，意思說我們修道者的心胸、智慧與知識不要像拿著竹管看天，因為所看到的道只有一點點而已，這樣容易產生執著，也容易走入旁門左道，修道學道要按部就班，不能省略中間段如果好高騖遠跳過中間段求快速則易走入旁門左道之中，因而偏離了正道。

體用

「明心見性」是一個修道者最終的目標，世間一切萬法不外乎是「體」「用」關係。體與用猶如人之自性與心——自性是本體，心是作用，只有深切了悟心的作用，才能洞察自性的本體，若無心性的作用，自性之本體則無從彰顯，所以唯有「明心見性」才能成道、成佛。

寧靜以致遠

地球繞著太陽走的軌道稱為「黃道」——亦是大成，地球自轉稱為「赤道」，月球繞著地球轉為「小周天」，我們要了解大周天與小周天的運作，這是所謂的「天文學」，人的小周天如同月球繞著地球轉，而外在的自然即是黃道也是大成，我們生活在自然（大成）當中要跟著自然軌道走，如果身體的內五行與外在的五行靈子精華無法相通，便是阻礙住了。

當我們遵循大道修道時不用想太多，不要看見別人有成就就想自己快有成就，別人用什方式也想跟著用相同的方式，可是別人的方法不見得適合我們用，別人有成就，就以恭喜、祝福的心回應，但是要將我們的欲望減少，我們要正正當當走在大道中。

修道者要「若拙」，不要炫耀自己的修為，儘量不要去與別人爭辯，話多傷氣，傷氣便傷神，會耗散我們的精、氣、神。

莊子曾寫了一篇寓言，即是紀消子給周宣王養鬥雞，十天就問：「雞可以鬥了嗎？」紀消子回：「不行，還驕昂而恃氣。」十天又問，回答：「不行，聽到聲音見到影像就起反應。」十天再問，回答：「不行，還怒目而盛氣。」十天再問，此次回答：「差不多了，別的雞雖鳴叫，它已不為所動了。」

牠看起來像隻木雕之雞，精神凝寂，其他的雞不敢應戰，見到回頭就走了，此寓言「呆若木雞」的雞並不是真呆，實際上它有很強的戰鬥力，貌似木頭的鬥雞根本不必出擊就可讓其他雞望風而逃，正表達了「大成若缺」、「大盈若沖」、「大巧若拙」、「大直若屈」與「大辯若訥」的情境。

修道者一定要沈靜，須有良好的技藝或是修行功夫，要合乎於大道也要「寧靜以致遠」，要木訥內斂，不要形於外，如果沒有「若屈」、「若拙」、「若訥」的話則會消耗自身的能量與道行，導致修為停滯無法向前。

心

眾生心有生滅，生滅的心看不見真相，因此往往迷惑於人、事、物，而生起貪、瞋、癡等煩惱，使世間紛擾不習。我們有幸獲得人身、見聞正法、巧遇明師，並深具善根、福德、因緣，進入雲旨玄學當思來之不易，更應心存感恩專一精進。倘若遇倒不如意的事情，應抱持遊戲人間的應世態度，世界上的事情，最忌諱的就是個十全十美。凡事總要稍留欠缺，才能持恆，這是樸素的人生哲學，也是自然界諸多事物的規律，凡事不計較，以心轉境。只要大家都自願當雲子老師的用心學生，不但自己成就，老師也自然放心！

厚德載物

人的靈性從道母而來，二五成形、三五成性，成為一個真人，在人的世界要有德性；道生之為「體」即是「道」，德蓄之為「用」即是「德」。

混沌之後開始有天、地、星星、月亮、太陽及一切物類的形成，萬物皆是由道而來的，由單細胞開始分類、分化、進化，大地載著所有的生物運轉於宇宙之間，萬物在天地之間生之、蓄之，這是上天給予我們最好的德性，即是所謂的「厚德載物」

「厚德載物」也可說是「陽光」陽光是最大的靈體也是最小的靈體。最大是指陽光普照，無遠弗屆、無私無我的付出，沒有分別心也沒有差別待遇；最小是指陽光中的「舍利子」陽光裡面的舍利子雖然細微到肉眼無法分辨，卻可以輸送氧氣、陽離子、負離子，讓大地充滿生機，植物吸收陽光可行光合作用，人體吸收陽光轉化維生素D，利於鈣質的儲存與吸收，同時也能放鬆身心。

我們心法中的小周天就是在吸光，把好的吸進來之後再透過人體周天運轉將需要的氧氣、養份分送到人體需要的部位去，陽光對我們來說也是一種德性，是上天賜予我們最好的一個物質。

上天創造萬物、地養育萬物，我們也是天生地養，所以天與地的德性是最厚的，我們要將天地的厚德透過內在的修持，經過修持消化再佈德於外，替天地佈德。

我們可運轉小周天配合大周天，用上天給予的能量加上我們自身的能量，讓我們能夠「返璞歸真」。

我要如何修行

抬起頭，望著天，想天堂，何時能像郭子綦一樣「仰天而噓，遨遊於天地之間！」在《莊子．齊物論》內文中有「縵者」、「窖者」與「密者」三種人，他們都是代表無法修行之人。

「縵者」指平民百姓，在以前種族性的社會階級中，老百姓要修行是沒辦法的，只有達官顯赫之人才有機會。平民時時為溫飽而忙碌，日出而作都在田裡耕種，日落而息才從田裡回來，一刻都不得閒，那來閒功夫讀書認字，更有何清閒心讀經典、想修行事。「窖者」——地窖、密室不通氣之處，進到儲藏東西的地方，會感覺空氣不流通難以呼吸。「密者」——緊密、執著不通、難與外溝通。閉而不通氣之人，其身無法運作——吸取宇宙新能量，送出體內舊能量，不能汰舊換新也就毫無生機可言，只能說空有身體與生命而已。但人不過百年身，生命會隨歲月的流轉而逝，無法延續百年後的生命。

為了百年後的生命，人本身要如何修行？沒辦法達到真靜的狀態，無法打開聯外通道，不通，要如何納取宇宙能量！要如何與天地相往來！唯有真正的休息才能達到靜中無我的境界，無阻無礙開啟往來天地路。清靜無為，通智慧路，來去自如，同存天地。

自然軌道

「其安易持」是在講人的性與情；大地看似靜止不動，其實它是動的，如同我們靜靜坐著沒動，但是內心的思想卻動不停。「易」是指《易經》，《易經》並不是用來卜卦，是要透過《易經》了解宇宙的形成與自然能量的運作，再運用自然能量來治理身體中千萬的細胞，這是運用在形而下人的部分。

《易經》可教導「靜」，讓我們的自性與情相交，能夠金水相濟，金代表我們的自性，金的韌度非常好，不斷地重新熔解、提煉、它的質與量皆不改變，如同自性在輪迴中經過多種的形態，自性依然沒變，自性要回歸於大道本體，則要運用《易經》學習形而上才能回歸，《易經》鋪天蓋地所有一切皆包括其中，山醫命卜相並不是我們要學習的，我們是要學習《易經》中自然界之象及自然界的關聯性。

《莊子．天地篇》有一則小故事，敘述子貢南遊楚國經過漢水之南看見一位老丈人耕作，此老者挖了一條水溝也鑿了井，先讓水流到井裡聚集再用陶器取水澆灌，子貢看此老丈人很費力且功效有限，所以告知老丈人有一種機械能夠灌溉百畝地，用很小的力量就可做很大的事情，可提升耕作效率。

但老丈人回應：「吾聞之吾師，有機械者必有機事，有機事者必有機心，機心存於胸中，則純白不備；純白不備，則神生不定；神生不定者，道之所不載也。吾非不知，羞而不為也」

大意是說：「我聽我的老師說，用機械的話，心裡必會有心機，因心裡一直想著這件事同時會有投機取巧的心態，念頭存於心中，則會純白不備。」純白是指金，代表「金性」也是我們的「自性」，當自性被心機干擾就會神不寧，心神不定的人是不能得道的。

就如我們走在正道之中，如果覺得所走的正道很慢不夠快速，想要捷足先登就像子貢告知老丈人用快速的方法，當你得到快速方法時便會神擾之，自性已不純白，自身的一切包括心就會被汙染。修道者要遵照自然界的「易」，從根本開始實在修持，要將根穩固好，一步一腳印往前走，不能好高騖遠也不能捨近求遠要專一、專心，修道並沒有速成法，只有靠自己一步一步的努力修持。

運氣

想要取天地陰陽之炁及自然的能量要「無為而為」，但是我們要先從有為法然後到無為，不過有些事情是不可以做的，如「天下神器不可為」我們要順著自然之道、要修自然的德，清靜無為，金剛經中有說到「一切有為法如夢幻泡影」，因為成道時有為法就不再需要了，當我們還沒成道時還是要藉著有為法來成就無為；這是目前老師在指引我們依循有為法進入到無為的境界。

我們既來到人世間就要忍受人生中的酸甜苦辣、七情六慾，要經得起歷練，不要當成是種災難，中國人非常相信運氣，只要發生不如意的事就稱自己的運氣不好不會自我檢討、反省，只會找一堆的理由為自己開脫。

運氣不好一般人都會想到去廟宇請神佛幫忙，希望能幫自己改運、祈求事業順利、家庭和樂，也有人會找堪輿師來看看家裡的擺設方位，將家裡改造一番或是身上佩戴水晶、天珠等看能否改變自己本身的「磁場」加強運勢，想藉由外在的力量改變自身的運氣，但這終究不是「正本清源」的作法。

要使自己本身運氣好轉不是沒有方法，首先「物以類聚」、「人以群分」，此是說什麼樣的物種就跟什麼樣的物種聚在一起，什麼樣的人就會跟什麼樣的人在一起，以致同類相應、互相影響，近珠者赤、近墨者黑。如果希望遇到善知識、善眷屬、善友就應當先端正自己的身、口、意才能遇到善知識、善眷屬與善友的圍繞、提攜並幫助，換句話說就是好的「氣息」會跟好的「氣息」在一起，會吸引好的「氣場」這樣才會有好運氣。

我們人體本身就是「氣聚」的個體，如果能將外在好的氣息齊聚於身，再加上以「行運」將不好的或老舊的氣運轉送出，使身體常保如新、刺激我們人體的細胞活化，必能吸納好的氣場感染好運氣，使家庭圓滿、事業一帆風順。

我們本身須知道陰陽，要了解人是靈、能、質所構成的，自己是一個小周天，要以小周天應付大周天，須懂得利用自然界奧祕的能量來延續生命，並改變周遭的環境。

爲學日益

為學日益是指形而下的功夫；人從出生時就開始學習如何生活與生存，我們生活的智慧是過去所累積出來的，智慧是跟著時代的腳步與科技發展在進步，每一天都會有新的事物讓我們從中學習成長，或是從錯誤中得到警惕，我們分分秒秒、日新月異地學習所謂的「知識」。

知識可以讓我們進步，因為這些知識是來自於虛空境界的智慧，將虛空智慧帶入到我們的生活當中生活才能夠進步，這是「有為」的學習，我們要有為而為，要從生活當中返回虛空境界去。

在《莊子．養生主》「庖丁解牛」描述庖丁替文惠君宰牛，手所觸及的、肩所倚著的、足所踩到的、膝所抵住的、劃然響聲進刀割解發出嘩啦響聲，沒有不合於音節，合於桑林樂章的舞步，合於經首樂章的韻律，讓文惠君讚嘆不已，技術怎能達到這般的地步？

庖丁告知：「我所愛好是道，已經超過技術了，開始宰牛時所見不過是渾淪一牛，三年後就未嘗看見渾淪的整隻牛了，到現在我只用心神來領會而不用眼睛來觀看器官的作用、停止而只是心神在運用，順著牛身上自然的紋理、自然結構用刀。」

庖丁的技藝能達到如此神奇的地步乃是因他不間斷地操練功夫，在長期實踐累積的經驗中庖丁越來越體認到其中的奧妙，能夠掌握到牛體的結構、筋絡的理路與骨節間的空穴，依著自然的紋理（天理）順著本然的結構進行運刀動作。

目前我們在學習玄學亦須由所看到的一切開始學習，從形而下的有為學習到無為，從前人的經驗累積成為智慧與知識，但不表示生活中一切的事物都可以拋開直接進入到虛空境界去，這是不可能的。

親情與生活還是要顧及到，在群體生活當中是不可能靠自己自給自足；社會是多元化的，我們得在日常生活當中學習及吸收他人的長處，將學習到的知識轉為智慧如此才能夠進步、成長。

崇尚自然

「道」是無窮無盡的生命，道也是自然，而我們也在自然當中，所以道就在你我的左右，但是乾坤一破落入日月之後人的生命即一點一滴在消耗當中，「天增歲月人增壽」歲月增加人的生命卻是在遞減中，人的生命只有百年而已，但宇宙的生命是無窮無盡的，這是大家探討道、追求道的原因。

道在自然之中，自然界的一切是用現象表現出來，自然界並不會言語，伏羲氏的八卦便是心神意會，領悟到自然界現象的變化而產生，將自然界的變化畫成符號再傳承下來，如果人是用自己的心意揣測自然界的現象再告訴大家，這就不能代表自然界也不能代表道，因為人會把看到的現象再加油添醋，好取信於別人，因此產生了一些神話，但這些神話並不是自然界的原意。

修道是往內修持，話是會越修越少的，因為一直在內觀自己，修道者是該講則講，不該講就不講也不要參雜自己的意見，因為加入了自己的意見整個原意就變濁了。

自然界是無語的，我們只能以心應心，當自己心思靜下來時才能夠與自然界契心，心不靜是無法與自然界契心的，那是因為本身沒辦法認清自然界，同時旁人會提供意見給你，而別人的意見你會用一些觀念來主導自己，或當別人要主導你時自己會起好勝心，用美言強調自己所走的道是最好的，這些都會擾亂自己的心智，所以認理實修時心要堅定、靜定，才能與天地精神相往來，否則只會浪費時間、一事無成。

禪宗有一項典故是闡述釋迦牟尼佛與迦葉尊者，釋迦牟尼佛講經說法時拈花示眾，眾皆默然唯迦葉破顏微笑，這是禪宗史上的第一則公案；佛陀拈花示相，眾僧不懂，唯迦葉知曉佛陀心意，致接下衣缽，佛法因此順利地傳承下去。

自然界是無言也無法展現神蹟，是需要用心去契心的，「迷者師渡；悟者自渡」迷者需要老師教導有為法，用有為法悟道時要自己渡自己，要認理實修、專一實修。

天地不語只有用自然現象來告訴我們，希望我們能與天地契心與天地精神相往來，這樣才能達到認理實修從自然當中回歸於自然。我們來自於自然要回歸於自然，自然即是道。

淬煉

自然界很大，包括了天上的日月星辰，宇宙也是自然，宇宙中有太陽系、銀河系以及其他星系，在這些星系當中有紫微垣、太微垣、天市垣、二十八星宿。

紫微垣是在星系最深處，紫微星代表「君主」，太微垣代表「丞相」，天市垣則代表「將軍」保護著紫微星，二十八星宿是所謂的「大臣」另外還有南斗星、北斗星，而北斗星的勺柄帶動整個宇宙的運轉，「權柄」即是指北斗七星的勺柄，此勺柄決定著春夏秋冬四時的變化，也運轉著所有的星系。

我們要了解宇宙自然，宇宙自然即是「道」要順從宇宙自然的生態，人要遵循著道而走，自然界祂有祂的方法我們亦須瞭解此法，才能應用自然的方法，取自然界的能量來修持本身的自性。

我們的自性（靈）來自於五行—金木水火土星的靈子精華，自性的靈子分布於人體所有的細胞之中，而人體外的靈子遍佈在我們的周遭，這些真空靈子是有妙用的，這是上天的德性給予我們靈子能量與自性，而靈子能量與自性稱為「祖炁」，但這一點祖炁附於人的肉體（質）時便被「識神」掩蓋過去了，人出生應地生命開始時，為了生存與生活必須要學習，但因為學習而掩蓋了元神。

當人應聲開始有生命時便是「下德」的開始，如果不敬德只修業的話「識神」就會掩蓋過「元神」，七情六慾填滿了祖炁，所以人如不敬德在肉體滅亡時就無法上清，濁重的多則繼續下降在形而下人世間輪迴。

人心所產生的慾望是非常大，當我們眼睛看到就會發出想要得到的意念，得到之後還會想要再擁有更多，慾望是源源不絕。

我們要磨自己的性，不要處處爭長論短；每件事情發生時，所聽、所看的不合自己的意，或感受不對便開始爭論，爭論時有可能會性命不保，所以我們要磨自身的心性。

消息

宇宙在運轉當中都會產生磨擦，因此每一個星球都是圓的，地球是橢圓形的球體，所有的星球在空中跟「究」（靈子）相碰撞，互相研磨才會變成一個球體，每個星球在天空中運轉都變成圓球的，地球是球體，月亮、太陽都是球體，因為宇宙運轉生陰陽（太極），在宇宙當中產生了靈子、能、質，相碰撞的時候就會挫其銳變成圓的，然後能量、磁場把彼此拉開，各自有各自的軌道。

宇宙陰陽之下的靈子是由外向內旋轉，陰陽之炁結合，開始生靈生萬物降到地球來，一切有形有相的物類非純陰純陽，孤陰不生、獨陽不長，沒有陰陽就不長，所以我們人是有陰陽的，不管是男是女都一樣，這也就是所謂的吸引力與放射力，在宇宙稱為「陰陽」在地稱為「剛柔」，一切都是內為柔、外為剛，內為吸引力，外為放射力，男為乾為陽，女為坤為陰，凡物都是外剛內柔。

我們的靈子是屬於「剛」，地球裡面在表裡裡面，「表」屬剛「裡」屬陰屬柔，所以「剛強柔順」，剛屬於強，天行健君子自強不息叫做「剛強」，地球屬陰屬順是「柔順」地球會將靈子吸納進來，這是引力的問題。吸引力與放射力這是「消息」、「闔闢」，地球裡面有核心就有引力，其吸引力（裡）會將表的剛、靈子吸進來這就是乾坤。

生機

宇宙中有太陽，太陽一震產生了日光開始有了生機，我們的地球是先由水開始然後結成冰演化成土壤，在土裡面一震形成了山、川、海、平原，產生了適合人的生機。

「震」在二十四節氣代表「一陽生」為子月冬至，由地底下一震開始產生生機。

龍代表君王代表震卦，常會聽到地理風水提到龍脈、龍穴，為何以龍為代表？因為龍即是生機的意思，代表震卦，所以好的地理便說要有龍脈、龍穴，以龍為主。

龍屬東邊屬震屬雷，東邊一震整個生機開始動起來，巽卦為風為長女，震為長男，風是無所不在每一個空間環境都會有風的存在，有風便會有生機，有生機就一定有風。

宇宙天地設位，「不易」到了「簡易」立節通氣，立節通氣之後地球產生了生機，因此我們將地球稱為「大地之母」，大地是我們的母親，祂孕養著無數的生機，包括一切的動植物都在這大地裡面生活，靠大地孕養才能夠生生不息，也才能夠襲明、一代傳一代。

人每一天皆在慢慢消耗自身的元氣、體力、歲數，一點一滴的消耗，所以人要「益生曰祥」，「益」是延壽的意思，人生有兩件重要的事，第一是「死後之身後事」，第二是「現在的事」，現在的事是如何讓自己的身體健康、萬事如意，這是每個人想求得的願望，再來就是死後能成仙成佛不受輪迴之苦，這是人的兩大願望所以益生曰祥很重要。

我們人也一樣要有生機要汰舊換新，我們的身體並不是讓我們來人世間享樂用的，或只是來人世間順勢為人、渾渾噩噩過一生，我們要時時警覺人只不過百年身，要趕快利用身為人的最佳時機在世有所修為。

日益精進

人在後天形而下生活，不外乎有靈、能、質這三種要素，「靈」是我們的自性，靈子載滿了陽氣，它是在自然界所看得到非純陰純陽的形相之前就有了，稱為「道」也是「自然」存在於我們身邊綿綿不絕。

人需要兩種能量，能量分形而上與形而下，形而上的能量是所謂的舍利子，形而下的能量是我們的維生素或維他命，即是食物、熱量，此兩種能量供應我們的生命及生活，生生不息、新陳代謝的循環，所以我們無法離開這兩種能量，一旦少了其中之一我們的質便會滅亡。

在《莊子．秋水》有一段：「吾在於天地之間，猶小石小木之在大山也。方存乎見少，又奚以自多？計四海之在天地之間也，不似礨空之在大澤乎？計中國之在海內，不似稊米之在大蒼乎？」

大意為：「我存在於天地之間就彷彿一小塊石子、一小塊木屑存在於大山之中。我正以為自身的存在實在渺小又哪裡會自以為滿足而自負呢？就像四海存在於天地之間，不就像小小的石間孔隙存在於大澤之中嗎？再想想中原大地存在於四海之內，不就像細碎的米粒存在於大糧倉之中嗎？」

天地是無私的，我們要用天地的無私成就自己，人要認天地也要能夠照著天地的德與人的德性去運作，天自然會認得我們，當我們認得天時天才會認得我們，因為天地無私所有能量都存在著，這些能量是我們需要的，能量得到越多便能夠汰換快速，能量保存的越多才能青春永駐，返老還童，能量能夠調和我們的自性及後天的生命，人的性與命如一雙筷子是要並行的。

自然規律

地球因自轉而公轉，地球公轉於太陽繞著太陽走，這時就產生了二十四節氣有四季之分，在《易經》裡即是「少陽、老陽、少陰、老陰」春夏秋冬，夏天去了秋天來，秋天去了冬天來，四季循環著。

人的成長為兒童、少年、中年、老年四個階段的變化，就如同春夏秋冬的變化一樣，春天是欣欣向榮，春天地的熱能是由內往外散發，冬天地心是熱的、地表是冷的所以可感覺到井水是溫的。

到了春天則適合種植各種植物，因為這時地有熱量，當地的熱量由內往外發展時則是「春生」，春生到一段時間之後則到「秋殺」，像古代的犯人都是在秋天問斬的，這就是所謂的「秋決」。

春天是不殺生的「春生秋殺」是天理的循環，我們要順應這個天理。春天欣欣向榮代表大地、道的蓬勃，秋天則是藏，大地向外吐能量代表春天生機，大地向內納入能量則是秋天收藏起來即是「秋殺」。

春生秋殺則是壯老收藏，由壯到老再收藏，因此在我們修為的過程中也是要配合自然的。

一些企業家年輕的時候在宗教界是不容易看到的，因為努力打拼事業當賺到錢時才想到未來與死後該怎麼辦，希望用自己所努力得到的貝殼來換取下半生，便開始用錢佈德、布道。

其實向道唯有「真誠」、「真心以對上天」，想要用物質與上天交換是沒辦法的，雖然現在科學可能延續我們的生命，但在另一層的生命是無法用我們所擁有的東西來換取，所以仍須即時行善，要選擇做對的事情。

契機

修道者對於自然界的現象要能瞭解與明白，現實界的一切有來自於無，人的形骸終會毀滅，我們的靈性來自於無，所以靈性（自性）也要回歸於無，因此在大道當中要了解自然中「無」的生命。

天是自然的發生、地是創生、而人是好生，我們都須清楚明白，我們所學習的並不是只有人生道理而已，要學習的還很多，不管是生前或死後皆要學習，我們來自哪裡？要回歸哪裡？更是要明白。

當人呱呱墜地時，求生的意識非常強烈，強烈的意識蓋過了元神，所以人會顧全生命是理所當然的事，不過要從識神當中找回元神，必須靠我們的「智慧」。

「知識」與「智慧」是不一樣的，「聰明」與「智慧」也不同，聰明是透過學習知識而來，而智慧是要與神相通才能得到，「神」是宇宙的奧祕——代表自然，要取得自然之氣就得與天地精神相往來。

自然界的神與你相通時才能夠顯現自身的祖炁（元神），我們要透過外面的力量來開啟自身的智慧但是我們自己也要由內向外發展，這就是「契機」。

契機如同小雞要破殼而出的那一刻，母雞會感覺到，此時會同時啄破蛋殼幫助小雞，小雞是由內而外啄，母雞則由外向內啄，同時啄到時，小雞則破殼而出。

契機亦是心心相印，我們的身體及識神就像蛋殼一樣，元神要破殼而出才能獲得自然界的智慧，我們內在的神（自性）要與天地精神相往來時，一定要找到契機，如果找不到契機則會物老則矣，自性就會被埋沒掉，無法產生另外的生機，所以我們要由內而外培德，遵循道與上天的德而走。

襲明

先天八卦是以乾坤為主，後天八卦則以坎離為主，進入坎離則代表已進入到日月當中，有日月即是歲月的形成，開始通氣立節之後則由簡易進入到變易，開始新陳代謝、生生不息即是所謂的「襲明」一代傳一代。

「襲明」以修道的方式解釋是指我們聚氣成形產生另外一個我（自性），如何產生另外一個我？則要能靜、定、安才能聚氣成形，得到另外一個我。

這即是雲子百字真經中「止璣入定真人現」的意思，我們要靜到天地皆停止運轉才能聚氣形成一個真人（自性），如果氣渙散的話便無法凝神。「我再另外產生一個我」、「我再傳承另外一個我」則為襲明傳承的意思。

「大學之道在明明德，在親民，在止於至善。知止而後有定，定而後能靜，靜而後能安，安而後能慮，慮而後能得。物有本末，事有終始，知所先後，則近道矣。」

明明德是修身的最終目標，止於至善是平天下的最終目標，所以明德修身是大學之道對所有人的基本要求，個人身修之後才能做到齊家、治國、平天下，這是修身的外衍，而修身內涵過程就會格物、致知、誠意、正心，格物本身還需具備五個層次的先決條件那就是「靜、定、安、慮、得」。

老師講過在世修在世成，我們要將好的修道方法講出去並度化他人，讓他人的自性也能夠回到本位不要淪為「靈魂」。

培德

在行善積德當中我們一定要先培德，「培德」是體，在《道德經》中「德性」指的是上天的德性，道無私的德性讓人、動物、植物及萬物能在地球上生活。

「上德」是上天無私的德性是大德，「不德」則是指人行為的小德性；我們要學習上天的德性，天地無言並不會教我們德性，但是上天的德性永遠顯示在宇宙當中讓我們以心契心與祂相印，我們要自己觀察與學習。

上天的德性是沒有選擇性的，祂不分好人、壞人、男人或女人，只要是眾生上天就會賦予德性，人人都有機會與希望，道用「無」來給予即是給予我們「靈、能、質」，宇宙的能量是清新的，所以我們要用陽光之炁、五行精華來汰換身體的氣，提升自己的能量。

我們要學習功德與公德，當我們功德還不夠時，則需要以眾生之力來利益於眾生，用公德補足，這是無私的公德，在人間形而下的境界中要先無私，如此在形而上的境界才能無私。

「誠其意」不要欺騙自己，對不善的念頭要切實排除；好的念頭得把握，有品德的人皆會用道德來潤澤自身，且置於心中力行之，將會自然地表露於外表，內心充實寬廣身體自然安泰舒適，務求真實無妄。

所以老師一再的強調各位要培德、行德，行德亦是行仁義，人曰仁義，仁義禮智信是非常重要的，如果這些全消失則會亂了朝綱，沒有了法律、德性，則五蘊即產生，殺盜淫妄賊皆會出現便會成為禍亂之源。

康莊大道

老子提倡道法自然、修持先天之道，但是當時的眾生皆不屑一顧；大道沒有戲法可以變，大道亦是自然界，只是有些宗教把大道神通化了，眾生信仰了神通之道卻對老子的自然之道不屑一顧，因為大道只有三寶，持而保之，並沒有神通戲法。

我們受惠於無形界的能量（道的能量），道如同慈母般在照顧著我們，受到慈母的厚愛即是「慈」，這是第一寶

「儉」是節儉、去六慾，如果能夠節儉沒有過多的需求，慾望就會減弱，就能去除六慾，沒有人間凡夫的慾望則是第二寶。

第三寶是不敢為天下先，因為道很大而且我們皆是在道以下，無法超越道，也離不開道及道母的慈。

「道」是天地陰陽，修道者要知道天地陰陽的運作，要了解天文地理、人文，自然界的一切皆是慈母所給予的德性，修道者知道了「道」的厚德載物就會對「道」有信心，便不會對自己所走的正道產生疑惑，而且會有自信勇往直前，也不會墮入於旁門走道。

身為一個領導者或是布道者要有良好的道德風範，也要知道「道」的天文地理，人文本

身要合乎於道、合乎於自然，這樣才能夠讓眾生「民生安樂自足」，在於精神方面可以往正道的方向去提高眾生的道德智慧，當功德與公德兼備時才能夠引領眾生到「康莊大道」。

無爲

道的意境是無法用人現有知識與想法想像的，人從出生開始便在環境中學習人所需要的知識與觀念、學習生活之道以及人的道德倫理，受到環境、家庭、父母及其他人事物的影響很大，但是當我們在學習形而下的生活之道時，往往會忽略了形而上這層面的重要性，人是靈能質所構成的，所以學習形而上的常識，以及了解「道」的意境對我們來說是非常的重要。

道是一種奧祕一種德，祂是自然發生而且永遠存在的，祂博愛眾生對大眾一律平等沒有分別心，道常無為，道無私奉獻於眾生，設立這個宇宙給眾生用。地之道創造了生命，人之道因好生便開始生生不息，道不求一切的回報只希望我們能夠利用道的創造，明白且深知「道」的奧祕回歸於「常」。

《莊子．大宗師》有一段：「殺生者不死，生生者不生，其為物無不將也，無不迎也，無不毀也，無不成也，其名為攖寧。攖寧也者，攖而後成者也。」

「道」能使萬物生息死滅，而祂自身是不死不生的。「道」對於一切的事物都支配運行，無不一面所送，無不一面有所迎；沒有不是因「道」而毀滅。

天地之間一切萬物各有其長處，我們要去學習，好比樹木如何吸取日月精華？石頭如何形成？自然界的物類皆有其長處與好處，我們要去學習並了解，學習萬物的長處來去除本身不必要的慾望成就我們的修為。

轉念

老師一再強調「培德」很重要，「培德」是從內心培養德性，德性由內心自然散發出來的，與佛家所講的「慈悲心」並不一樣，上惠其下曰「慈」，父母照顧小孩、養育小孩也是「慈」，一個得道者能夠將自身的功德施予眾生也稱為「慈」，但是與培德不同。

「惻隱之心人人皆有」「惻隱之心」與「慈悲心」很相似，但這兩者是有差異的，「惻隱之心」是因「培德」之後看到及想到則由心自然起，「慈悲心」是「上惠其下」，培德產生惻隱之心，這是形而下的功夫，形而上的功夫則是「慈悲」將眾生當作是自己的孩子照顧。

培德是要從自己本身開始做起，「培」是在土上挖一口，然後立上去即是屹立不搖的意思，如同「標竿」一般，我們要以德為標竿站在那裡屹立而不搖（培亦是標竿的意思），當你有德性成為一個標竿時人人因而敬仰、德性遠播，所以培德是很重要的。

《論語》中有一段話是關於顏淵請教孔子什麼是「仁」，子曰：「克己復禮為仁。一日克己復禮，天下歸仁焉。為仁由己，而由人乎哉？」以往多數人會將「克己」和「復禮」分開來解釋「克己」為約束自己的慾望，但在古代還有一個意思即是「能夠」，譬如《大學》中記載：「康誥曰：『克明德。』帝典曰：『克明峻德。』」「克」是「能夠」的意思。

如果把「克」理解為「能夠」，「克己復禮」即為「能夠自己做主，去實踐禮的規範」，「仁」可以翻譯成「人生的正路」，人生的正路在哪裡？就要靠自己，也就是「克己復禮」化被動為主動。

一個人要快樂就要從這裡著手，譬如說「我今天應該上課」，「應該」代表被動，如果說「我今天願意上課」，「願意」就是主動。「應該」變成「願意」之後，生命力自然就出來，不覺得累反而開心。儒家思想的關鍵在於內心要「真誠」。

念頭、思想是我們身體上的負擔，想要得到的越多念頭就越多，一直往想要的方向走，會造成心智不開而產生憂鬱症，身心靈就不會健康，所以我們要滿足於生活中，放下多餘的追求，追求與滿足要有平衡點；要生活在無負擔的快樂中就必須靠修行，如同剝洋蔥般一層一層地剝，要靠有為來成就無為。

遵循自然之法

老子《道德經》是藉由天地之間自然奧祕、奧妙的關係用經文來顯示於人，這本經典非常的貼切，讓我們能接近於自然並應用於生活中。

我們不要認為經典都是非常的難懂，其實經典是一本白話文，已經明白告訴我們經文的含意，只是我們會將「簡單」複雜化，如此對於經典的原意便無法理解，一本經典不在於形色、形態當中，而是在於我們的「誠」，唯有用真誠的心來對待，才能夠體會出經文所要表達的意思。

「經典」運用了自然奧祕來呼應我們人體，老師常講我們人體是一個小周天，宇宙是大周天，小周天要呼應大周天靠的是智慧與學修，「讀萬卷書不如行萬里路，行萬里路不如明師指路」，讀了萬卷書行了萬里路，如果沒有畫龍點睛的那一點也是枉然，所以我們學修要了解自然奧祕以及人的由來，也要了解到靈、能、質，人是「二五成形、三五成性」，要成為一個完整的人（所謂的「真人」）必須要實修實練，如果理念、觀念不正確的話，一步差步步差，越走越遠，就拉不回來了。

《莊子．天運》有一段：「夫水行莫如用舟，而陸行莫如用車。以舟之可行於水也而求推之於陸，則沒世不行尋常。古今非水陸與？周魯非舟車與？今蘄行周於魯，是猶推舟於陸也，勞而無功。」

船屬於水上的交通工具，在陸地上推著船走那麼一輩子也走不了多遠，原因就在於方法錯誤。孔子在《論語》中說：「工欲善其事，必先利其器。」雖然語句簡短卻是意義深遠。

我們都在自然界裡面，所有的一切都是存在的事實，不需要去爭，我們的念頭非常重要，「好念」如同那陣風可以成為我們的助力，如果念不好的話前面便是懸崖將我們推向死亡之路。我們要處之泰然、陰陽調和，再經過老師的指引必能走上康莊大道。

夫道者識得返鄉路

人有肉體，如果知道要修道、修為的話即可延年益壽。我們要修行的話身體一定要保持健康，如此才能以後天之體來修先天之性，以「有為」吸取宇宙靈子的能量供給我們的自性（靈），用宇宙的靈氣來治我們的靈氣，以靈治靈來增加我們的道行、提升自己，只有人才能夠提升自身的自性，要提升自性則需要靠本身的智慧攝取宇宙先天的能量。

修道要成功是因為我們的肉身，不成功也是因為我們的肉身。寵愛自己的身體而不修為，別人說修為是苦、修行需守戒律，有很多的限制便不願意讓自己受苦，只想要享受自由、沒任何的限制，認為存好心、做好事即是「修」，何必非得修行呢？太注重自己的身體卻不知道要利用身體來延續自身的慧命（自性），人只不過百年身要趕快利用身為人的最佳時機趕快修持。

《莊子・齊物論》裡有一句：「大知閑閑，小知閒閒。」「知」同「智」，大知閑閑意指能成為一位大智者本身必是位有修為的人，能知精、氣、神的重要性，精、氣、神是人體內最重要的三大元素，這正是我們的功課，修行也須顧及到五倫的倫理，我們須把握目前的環境狀況，用「仁義」將每一章節的功課寫完。

「天曰陰陽，地曰剛柔，人曰仁義。」我們要從人道、仁義開始做起，兄弟有義、夫妻有義、朋友有義，力行仁、義、禮、智、信，一條路往前直走，這就是「夫道者識得返鄉路」，還鄉道的意思為我們從何處來就回到何處去。

無私無欲

在這宇宙之中靈、能、質是不可或缺的，我們的眼睛是屬於離，屬火，眼睛是靈魂之窗，通往我們的神識，眼睛一旦看到想要的心中即開始盤算，此時我們的氣與能量就變濁了，因此念頭一升起氣就濁，「一念三千，浪傳十方。」「念」會布滿於空中的能量，我們的意識可以穿透空間，念力會填滿宇宙之間的舍利子（靈子），不管是好的思想或是不好的思想都會藉由舍利子散播出去。

「相由心生」貪婪之心會反應出貪婪之相，慈悲之心會反應出慈悲之相，人如果想讓別人親近的話就須有慈悲之心，它來自於本身的德性，有德性的話本身的貪、嗔、癡皆會去除。貪求美好，有了貪求就會產生七情六慾，會將想要追求的行為合理化，用很多的心思解釋這樣的行為，所以凡事要去除欲望，因為欲望的產生會殘害自己的心靈。眾生皆平等，所有的物質在老師眼裡都是一樣，沒有分別心，因此各位也要做到沒有分別心，不管是老少男女或是一切的眾生皆要用平等心對待，如有分別心即是有私心，則會產生自己的利益，在自己的利益之下會產生無限的欲望。

在《論語》中我們都知道孔子很喜歡講君子，孔子所說的君子就是立志者有志向，讓自己每天提升、改善。「君子和而不同，小人同而不和。」君子與別人交往，不要求一致，但力求和諧。小人則是倒過來，一定得聽我的；「君子周而不比，小人比而不周。」君子普遍愛護每一個人，小人則只照顧幾個同黨，所以君子是沒有私的；「君子泰而不驕，小人驕而不泰。」一個人以自我為中心，喜歡和別人比較，自然就會驕傲。相反的不以自我為中心，對每個人都可以坦然相處自然就很舒泰；「君子坦蕩蕩，小人長戚戚。」君子因為無私，沒私心所以他坦蕩蕩，小人因為常和別人比較、競爭所以皆愁眉苦臉的。

所以我們要把心思放下來，能用的就用，不要一直追求，欲望是無止盡的，而且美也沒有一定的美，要像天下父母的心態，自己的孩子是最美、最好的，這是天下父母親對自己子女的心態，自己是最好的，不要去比較，一比較就會走錯路且墮入萬惡深淵中。

智者，知也

人有肉體，如果知道可以修道、修為的話即可延年益壽。我們要修行的話身體一定要保持健康，如此才能以後天之體來修先天之性，以「有為」吸取宇宙靈子的能量供給我們的自性（靈），用宇宙的靈氣來治我們的靈氣，以靈治靈來增加我們的道行、提升自己，只有人才能夠提升自身的自性，要提升自性則需要靠本身的智慧攝取宇宙先天的能量。

修道要成功是因為我們的肉身，不成功也是因為我們的肉身。寵愛自己的身體而不修為，別人說修為是苦、修行需守戒律，有很多的限制便不願意讓自己受苦，只想要享受自由、沒任何的限制，認為存好心、做好事即是「修」，何必非得修行呢？太注重自己的身體，卻不知道要利用身體來延續自身的慧命（自性），人只不過百年身要趕快利用身為人的最佳時機趕快修持。

《莊子．齊物論》裡有一句：「大知閑閑，小知閒閒。」「知」同「智」，大知閑閑意指能成為一位大智者本身必是位有修為的人，能知精、氣、神的重要性，精、氣、神是人體內最重要的三大元素，這正是我們的功課，修行也須顧及到五倫的倫理，我們須把握目前的環境狀況，用「仁義」將每一章節的功課寫完。

大知者閑閑，因與天地同在，「知天地，而天不言，地不語」，要如何用言語來形容，即便是言語形容也是有限，與天地自然融為一體。

我們生於自然，在自然界中生活，生活處處是道，道在生活中，日出而作日落而息，循著道走自然心能常清靜。

愼獨

我們人都是自私的，因為有「我執」。其實人的自私也不能全說是自私，那是因為為了「我要活下去」，因此生活才會為自己著想，這是很正常的，外出工作能帶給家庭多少物質的能量？能夠供應家庭多少能源？如果不夠的話又該如何？這是責任。

人是因為責任而自私而不是因為自私而負這個責任，每個人的家庭及生活環境不一樣，差異性是在於適不適合？時間合宜與否？所以人是因為環境而產生自私，但環境是可以造就一個英雄，因有這「自私」然後產生了大愛，從關懷自己家庭成員開始到能夠關懷整個大眾，這樣的「自私」是好的，但如果過於自私違反了倫理道德則就不好。

人在意物質方面的追求，便會忘了我們的「本來」，我們的本來是非常重要的。在利益前提之下每個人會因自己有關的利益而產生選擇性，在利跟害之間做一個研判，在「人不為己天誅地滅」之下會選擇做對自己有利而傷害別人的事，因此別人就會說我們「忘本」。

「本」是道德，我們的「本來」來自於道、來自於德，在人世間德就是道，在「無極」道即是德，「德中有道，道中有德」忘本就忘了這個道，所以當我們擁有之後不要想再擁有更多，為了錢、為了利會讓人疲勞一輩子，錢不是萬能但沒有錢也萬萬不能，適中就好。

螳臂擋車

永恆不變的道理需要靠「師」傳授，「師者，所以傳道、受業、解惑也。」傳道需靠「明師」傳授，「道」即是常識，而「解惑」亦是知識，知識要與常識結合才能夠傳道。

「勇」是指「凡夫」代表沒有修道的人，也是無謀略的意思，不知道修為的人只能「順勢成人」且不斷地輪迴，凡夫沒有接受知識與常識的教育而產生智慧，也不了解上天及聖人的德性，只知在生活上勇往直前，對於修道是越離越遠且容易氣盛造成有勇無謀，凡事皆是用人性來考量、以本身的利益為出發點，先用人性評估自身的利益把「道德」擺於後面，有修的人則是以道德觀為前提、自身利益擺於後面，兩者的出發點不同。

不知修道好的人只懂得埋頭苦幹於生活中，而知修道好的人是力行修持，但不要衝過頭了，修道過之與不及都不好，自己須明白自己所做的事與要做什麼事，所做之事要合乎於中道。

《莊子．人間世》中有一段：「汝不知夫螳螂乎？怒其臂以當車轍，不知其不勝任也，是其才之美者也。戒之，慎之！積伐而美者以犯之，幾矣。汝不知夫養虎者乎？不敢以生物與之，為其殺之之怒也；不敢以全物與之，為其決之之怒也。時其饑飽，達其怒心。虎之與人異類而媚養己者，順也；故其殺者，逆也。」

螳螂奮起牠的臂膀去阻擋滾動的車輪，不明白自己的力量全然不能勝任，還自以為才高智盛很有力量，應當戒懼審慎。你看養虎的人從不敢用活物去餵養老虎，因他擔心撲殺活物會激發起老虎兇殘的怒氣；他們也不敢用整隻動物去餵養老虎，因為擔心撕裂動物也會誘發老虎兇殘的怒氣；若是調適牠的饑飽，疏導牠的怒心牠便漸漸馴服了。老虎與人不同類，反獻媚給餵養牠的人，是因那人知道順著虎的本性；而遭到虐殺的人是因為觸犯了老虎的性情。

任何人都不能主宰任何的生命包括動植物，因為那是天地所創生的，我們不是萬物的主人，雖是如此但我們可以非常細微觀察動植物的生長，了解萬物在自然界的作用與玄妙。

達本還源

修道的好處是自性可以回歸致虛極的本位，也可以延年益壽、返老還童，但是修道一定要趁年輕，因為年輕血氣比較旺才能推得動血氣，也才能「還虛五行合七政，金水相濟性命全」，「金」代表我們的自性，「水」代表我們的後天之命，指腎臟、荷爾蒙，「金水相濟性命全」即是我們身體的水火要既濟，人到更年期時，只剩一點陽氣原動力，這時候比較推不動氣血，年輕修道才是「修道」年老修道則稱為「養性」亦是「養生」。

重積德即是做公德積福報；一般的眾生因為這輩子命運不好，便會著重於做公德累積福報，希望來生能夠好命，但是當下輩子好命，生於好人家時則會忘了自己、忘了「我是誰？」，因而永遠墮落於輪迴之中。

現在的我們或許沒有優厚的環境，也或許在人事方面並不是很順遂，但是我們知道要修道並不是在於重積德方面，而是在功夫與功德的修持，用自身的力量與功夫來成就自己，並且可以利益更多的眾生，再以眾生的力量來利益眾生。

人如果只注意到身體需求的滿足很快就會產生彈性疲乏，感官的刺激隨即遞減。要真正的快樂需要「知」，且要「意」的配合，再往上走就是「重要」，真正的重要是要了解人生的意義和目的。

「目的」是我活著是為了什麼，而不是我為什麼活。「為了什麼」和「為什麼」是不一樣的。「為了什麼」是我現在這樣活著有什麼目的地呢？我可以為一個目標而犧牲嗎？如果那是我人生的目的、可達成我這一生的目標，即不虛此生。

為了後天之體忙碌生活，渾渾噩噩過一生，卻不知道有虛空境界的存在，如果不想這樣過一生就要走修道這條路，這樣才能返回自己的來處。「達本還源」才是我們最終的目標。

柔弱者生之徒

人活著則是「柔弱」，所以我們現在就是柔弱者，因為我們都活著而且行動自如，但是當我們從渾沌階段進入到形而下、哇哇落地有生命時，就已經開始在消耗本身的生命，出生便是輪迴。人一出生就在消耗生命，母體懷胎的時候是為「胎息」，此時是在渾沌的境界，人是經過渾沌之後變濁，當臍帶剪斷時有關前世的一切即全然忘記了。

自性進到我們肉體時，肉體會變成柔弱，柔弱者生之徒，開始進入到形而下的世界，形而上與形而下的分判是在七歲、八歲的階段，此時泥丸宮的天靈蓋還沒硬，所以在七歲、八歲以前屬於形而上，童言童語是最純真的時候。當頭蓋骨變硬了與先天對應的門就會關起來往形而下走，進入學齡階段開始學習形而下的知識。

人遇到不高興的事情時馬上心火上升，怒氣往腦部衝，則會做出很多後悔的判斷，人生氣時則會用形而下的人性來做判斷，所以當遇到不順心時要將怒氣往下拉，讓火在水的下方，如同煮開水般火在下、水在上，中間是鍋子，鍋子為媒介，火在下水在上便能夠水火相濟，陰陽即能調和。

「喜、怒、哀、樂之未發，謂之中；發而皆中節，謂之和。中也者，天下之大本也；和也者，天下之達道也。致中和，天地位焉，萬物育焉。」這是中庸第一章所提，中庸所提的「和」與《道德經》「和之至也」的「和」有異曲同工之妙。「和」是指陰陽之合，它來自於日月陰陽，日為陽、月為陰。

我們人在處理事物時須保持冷靜、平衡的心，或許人人皆能做到，但是真正要能完全以「中」為本體，達到「和」的最高境界可就須更加努力修持，因為宇宙的浩瀚、天地間自然的運行、循環，我們須有那寬廣的「心」才能去感受。

和大怨，必有餘怨

人生來就是不平等，雖然有與神相同的自性，但是卻無法像神一樣可以在任何境界逍遙自在，反而要受到肉體的限制與牽制，在生活當中有許多的不如意，因而產生好多的怨氣，身為人有這麼多的不平等，便開始怨天尤人。

「既來之則安之」既然我們已經來到這世間，就要將心安定下來，讓心安於環境中的一切，其實上天是公平的，給予萬物是相同的時間與能量，並沒有分別心，雖然都是眾生，只是是不一樣的眾生而已。

自性是眾生，肉體也是眾生，所以我們不要去羨慕，但是我們要知道自性要如何回歸本位，要如何在這人世間和大怨，不要怨天尤人，很自然地行於人世間，將自己安於環境中。

動中有靜、靜中有動，外面動裡面能靜的話代表開悟有智慧，他能處理很多的事情並明白事理。人靜的時候內心裡卻動得很，即開始胡思亂想，念頭一直在動。所以在動靜之間要休息，動的時候要休、靜的時候要息，要外動內休、外靜內息，不要外面動內心也一直在動，那你的真元將會耗盡，所以盡量要將自己的心保持「寧靜、平衡」。

凡事不要責怪別人，也不要只看到別人的壞，而沒有看見自己的不好，一切的事情皆是一體兩面，有正就有負，當我們自認是負的一面時就想到正的一面，即便是正的一面也是會有負的一面，所以我們的思考方向要非常清楚，不能隨意責怪別人，怪罪於人時會一直找理由及缺點，而忘了自己也有缺點，因此會將自己拱高起來，一旦責怪他人那自己所接受的資訊便會有所差別，也會受限於責怪當中，看不清事情的原由。

所以凡事一定要看清楚，心要靜下來，如心沒靜下來只會因為自身的思想妄念而產生妄動，就會被牽著走。

知彼，非彼也

你要用車就不能沒有輪子，土坯之器可以當杯子用，是因為中間是空的，土坯之器是實的，但因為中間是空的所以是「虛」，故稱「實者虛之」，裝滿東西之後就成為「實」故稱「虛者實之」。這就是實中有虛、虛中有實，就像我是的靈性要有肉體可以使用，用自性來充實肉體成為一位「真人」一樣。

《莊子．齊物論》有一段：「物無非彼，物無非是，自彼則不見，自知則知之。故曰：『彼出於是，是亦因彼，彼是方生之說也。』雖然，方生方死，方死方生，方可方不可，方不可方可，因是因非，因非因是。是以聖人不由，而照之以天，亦因是也。是亦彼也，彼亦是也，彼亦一是非，此亦一是非，果且有彼是乎哉？果且無彼是乎哉？彼是莫得其偶，謂之道樞，樞始得其環中，以應無窮，是亦一無窮，非亦一無窮也。故曰：『莫若以明。』」

世間一切的事物都是相對的，所以才有彼此的分別，我對別人都覺得「非」，看我自己都覺得「是」，因為只去察考對方的缺失，所以對自己的缺失反而昏昧，如能反省審查自己即可明白。只見別人的「非」，見不到自己的「非」，所以總以為自己「是」別人「非」；「自己是」和「別人非」乃是互相對待發生的，所以是非之論隨生隨滅，變化無定。所以聖人能超脫於是非之論以外，明瞭自然的大道，知道「是非」是相因而生，「彼此」是互相對待的，是沒人分別的；「此」就是「彼」，「彼」就是「此」，能悟「彼此」是對待互生的，是虛幻的，就得到道的樞紐，合乎道樞才得以入環的中心，可以順應無窮的流變。

我們要保持心情平靜，好好管理自己的情緒，命即是性、性即是命，並非二物，性在命在、性去命亡，性命是一體的，性是無形的、命是有形的，性命當中我們要知如何利用體內的五行與宇宙的五行保持相通才是。

天下為公

我們人在大道之中，處於日月陰陽之下，頭頂著天、腳踏著地、日月對照、天生地養。從大道、仁義、智慧、六親、到國家都是相對的，我們一定要知道這個天理，要了解大道的運轉、天的形成，人要遵循著道及上天的德性，要學習上天的「德」，這樣大道才不會廢，因為人心要有道德仁義，如果人沒有道德仁義，上天會毀滅我們，因為我們沒遵照天理而走。

夏禹、商湯、周文王與周武王時代皆採用以天下為天下人所共有的，講求誠信厚實，教人親和團結，在社會上每個人不僅親愛自己的親長照顧自己的兒女，而且能推廣愛心使老人能享天年，壯年能貢獻才力，兒童能得到良好的教育，過著安居樂業的生活。他們根據禮制的原則，來教導人民對「仁義禮智信」五德的體認，使人民都能了解什麼是適當的標準，標榜仁愛的典型樹立禮讓的風氣。

《禮記．禮運》中孔子所說的大同社會是指堯舜以前的時代，那時候生活單純、民風淳樸，當政者都是標榜以德治民，不需任何形式制度的約束，人民自然能夠秉持純潔無邪的心性互助合作，和睦相處，絕沒有鈎心鬥角、盜竊亂賊之事，是一個「至美至善」的天堂，讓人充滿嚮往之情。

「四達」是「仁義禮智信」意指四個城門，即是所謂的「鄞鄂」。宇宙當中充滿著氤氳，恍兮惚兮，宇宙奧祕的能量綿綿若存在我們四周，但因人的意念、欲望太多致將能源排除在外，無法取得，所以我們須將四方的城門鞏固好，將不好的欲望先清除掉。一物一太極都是剛柔並濟，我們內在屬柔、外在屬剛，內在的柔要吸引外在的剛進來才能夠剛柔並濟。所以我們要有「善念」要「培德」將德培養好，誠心誠意專修於正道。

守一守中

「道」是用肉眼無法看見的──無相；也無法讓你面對面去了解，但是可以從很遠的地方傳來消息──無聲；道也無法讓你抓住──無形。

「道」具有無相、無聲、無形三個基本條件，所以用耳朵聽不到，且抓不到，更無法擁有，「道」在上時並沒有偏向清亮或光明；在下時也不偏向混濁或黑暗；「道」是一體的。「道」綿綿不絕，無法用任何名字來含括，只是強名曰「道」；無法用任何東西來代表，沒有固定的形體，祂無邊無際確是存在，綿綿若存就在我們周遭。從有歷史記載以來「道」就已存在了。

《莊子．達生》有寫此一則寓言：「仲尼適楚，出於林中，見痀僂者承蜩，猶掇之也。仲尼曰：『子巧乎！有道邪？』曰：『我有道也。五六月累丸二而不墜，則失者錙銖；累三而不墜，則失者十一；累五而不墜，猶掇之也。吾處身也，若厥株拘；吾執臂也，若槁木之枝；雖天地之大，萬物之多，而唯蜩翼之知。吾不反不側，不以萬物易蜩之翼，何為而不得！』孔子顧謂弟子曰：『用志不分，乃凝於神，其痀僂丈人之謂乎！』」

孔子要到楚國，經過一座樹林時，看見一位駝背老人在捕蟬，好像拾取一樣容易。孔子說：「你是有技巧呢？還是有道？」老人回答：「我有道。五六月蟬正繁多，我放置二丸於竿頂，若不墜落，那麼失手的機會就很少；放置三丸於竿頂，若不墜落，那失手機會只有十分之一；放置五丸於竿頂而不墜落就好像拾取一樣容易了。我身心凝定，猶如木樁；我執竿不動，猶如枯槁樹枝；天地雖大，萬物雖多，卻只知有蜩翼而已。我心無二念，不肯以萬物來換取蟬翼，為什麼會得不到呢？」孔子回頭對弟子們說：「專一心志，精神凝聚，不就是說這位駝背老人嗎！」

我們的念頭一定要靜，不要亂動，如我們靜下來宇宙天地皆會靜下來，所以我們不動，天下將自正，這是很有玄妙奧祕的。

行深誠明

《禮記・中庸》裡有這麼一段：「自誠明，謂之性；自明誠，謂之教。誠則明矣，明則誠矣。」由真誠而得以明善，這是先天本性的發揮；由明善而達到真誠，這是後天的教化。真正進入誠的境界，自然就能明善。明善到了一定的程度，即會真誠。

誠明，「誠」是所謂的「慈」——上惠其下，上天賜予眾生一切的物質、能量，給予我們很大的誠意。「明」是日月、陰陽；「誠」是一真法界，也是太極。太極分陰陽，陰陽再分四象，與五行八卦同時產生物質與靈，人性與動物的靈再產生能量之能。

靈、能、質的賦予，大公無私——沒有自我的理念，所以在《易經》裡面「誠」是居中，中央是乾（元亨利貞），「誠」代表「乾」代表「陽」。「明誠」則是已墮入於陰陽這世間當中，這裡的「誠」是代表：仁、義、智、禮、信，「誠」仍居中但它代表「智慧」，我們必須用智慧回歸於乾。

「誠明」後才是「明誠」，我們須了解宇宙的物質、能量、能源，祂是如何附著在我們眾生與物質的能量當中，祂賜予我們靈、能、質但我們必須再返回去，因為天下一切的物類都會毀壞，只剩下「靈」而已。

黃帝內經指出人體的內臟具有五行，此五行須與上天給予的五行相對應，因為人是五行靈子的精華，人體內的器官各代表一個五行，所以本身的五行之氣須與外界五行靈子之氣相輝映（相通）才可，如有不暢通則有生病的危險。

人在修行要「行深」，但如果用有意識的行為來施行「仁、義、禮、智、信」，「智」的「誠」要來對應上天的「誠」（元亨利貞的「乾」），是無法相對應的。我們「行深」是要先去除身體上的一切毛病，讓內五行與外五行相通，「誠明」是人的本性，本性為「善」，只要能了解上天給予我們的「德性」，並明白祂給我們這一切的東西，你就能去除所謂的欲望，這就是「行深」。所以「人性本善」才能夠去排除一些阻礙。

天助自助者，自助人恆助之

「寧靜」可以沉澱我們的思想與念頭，白天勞累了一天，到了晚上總是需要寧靜的休息，休息是為了要走更遠的路。

「靜」可以恢復身體的細胞功能與精神，同時可將你原來的本能、本性以及沾染的垃圾全部顯現出來，並會將沾染的東西清除掉，但在清除的過程中會產生很多的幻覺、幻想，此時是自身的魔性與佛性（自性）在鬥爭，誰勝誰敗則看自己有無修持的基礎，有修持便稱為「修道者」，不知道修為、修道則是一般「凡夫」。

我們都會對於明天的不知而感到惶恐！也會對死後要往何處去感到不安，對未來則毫無頭緒、全然不知。不過我們知道那些成道的菩薩，都是肉體死亡後才位列仙班的，當那些菩薩還保有人身之時，就已經知道自己的肉體滅亡後，靈性的去處與歸屬所在，也早已明白要回到自己的境界。

菩薩要回到自己的境界須要透過「道德」的修行，也要立下宏願才能使自己前進不懈。所以當祂還在人間時，就展現種種事跡，發人深省，使人能夠津津樂道與效法，並喚醒眾生追隨祂的精神腳步前進。

菩薩成道後，祂會依成道的經驗與過程，以德來渡化眾生。然而不可避免的是，有些人會加入或參雜自己的意見後，再進行二手傳播，以致在傳播會有偏差，使「正法」丟失。所以我們在修行道路上，須運用智慧審視這個宗門是不是合乎「道」？合乎「自然」？合乎「德」？因為真理是不變的，如果不合乎真理，我們就要退；合乎真理、合乎道就要勇往直前，一起為不知的明天與未來預作修行。

然而永恆不變的道理仍需靠「師」傳授，「師者，所以傳道、授業、解惑也」，「傳道」需要「明師」傳授。

自然之道

人活著是有溫度與血肉，所以筋骨是柔軟的，自性離開肉體後，肉體就會僵硬；萬物草木活著時也是柔軟的，直到脆裂，它們死亡時也是枯槁沒生氣。從有歷史記載到現在，強出頭者都死在先，你如果以武力來侵犯別的國家，自己本身的能源會耗盡，國家容易滅亡；如果不強出頭，以仁德施於民受惠於國家、百姓，養生建立國家資源即能夠生存。因此學道者不要強出頭，要有內斂與內德才可以長久，所以依國家而言，要養兵不要去戰爭，百姓才能安居樂業，就像樹木自然生長，如果長得可以環抱般大，就不怕天災，所以堅強和柔弱相比，修內德比外面剛強好。

天以下，地以上稱為「天下」，天下最柔的物質是水、空氣、能量，它們都是無所不在的，真空裡面也有空氣。

「馳騁天下之至堅」——能量是跑得最快的，「堅」是「堅定不移」，代表「乾」，指的是陽能量。

地球自轉、公轉的軌道從沒有改變過，也因此產生至柔堅定的能量，隨時隨地都存在。能量是沒有間隔的，在大氣層以外的真空中也有，任何一個空間都有靈子存在，不管是無（虛空）或是有（實相）皆存在著靈子。這些能量有益，雖然看不到、摸不到，不過是確實存在著，我們所要學習的則是「知無」——要知道宇宙能量與智慧。

水是最柔的，如果用意志力強行攝取則是屬於旁門左道，「我要學什麼；我要用什麼樣的方式與方法」，這些都是不對的，因此要合乎於自然。

行深力行是有為的行為，有為之後要無為，無為是來自於虛空境界的智慧與能量，將無為的智慧與能量用於我們的自性。

修道要「有為而無為」，如不走正道而走入旁門左道，便會受到外在之術的影響而牽之，那離道則會遠之，我們講的「大道」，是利用自然界的能量成就自身的自性，要懂得運用它，如不懂得運用，那只能「日出而作，日落而息」的過一生。

工欲善其事，必先利其器

看到了，又不見了，以哲學理念來講，有正就有負；看得到，又看不到，這是所謂的「實者虛之」、「虛者實之」；八卦的正卦之下有反卦，反卦之下也有正卦，即是正面之下有反面，反面之下也有正面，每件事情都是一體兩面的，意思是在講靈跟質的關係。

玄學所講的是「靈」與「能」，而《易經》是講「能」與「質」，老師說過「靈」、「能」、「質」是具體存在的。一般而言好天氣（晴天）屬陽，壞天氣（雨天）屬陰，此種陰陽之道在於「循環」，一年當中有四季的變化，但只有冷與熱的分別，冷熱與天氣的變化是千古不變的，因為它一直在循環。

我們生長的地球為「坤」，外在的宇宙為「乾」，「外剛為陽，內柔為陰」稱為「乾坤」；乾坤之道是個圓，一直在循環著。地球也是圓，只要是圓形的皆有核心。天之道曰「陰陽」，地之道曰「剛柔」，外在的剛，小至靈子，大至像地球這麼大，每個星球裡面都有核心。

靈子也有核心，它負陰抱陽，靈子是由外往內旋轉，靈子的能量可讓人生精神，當靈子負陰抱陽時則成為究竟的「究」。若外在的靈子負陰抱陽，往我們身體內部，便成為我們自性的一部分，能增強自性，讓精神飽滿；如果靈子往外放射，則產生「物質」。老師說過，人就是一個生成器，由外往內的靈子產生「精神」，由內往外的靈子產生「物質」；由外往內的靈子可讓我們精神飽滿、返老還童，但要這些靈子需透過方法與方式來取得，此方法在各宗教、門派皆有其自己的理念。

要取得外在靈子一定要「靜」，當你靜下心來時，此能量便會由外往內補充——給你的自性用，但是往往因自己的念頭多，致使靈子與精神往外放射，阻礙了外在靈子進來；可見人的念頭非常重要。人在睡覺時進入到無為當中，靈子會補充進來——陰極而陽生，但補充的非常有限，只能恢復你的體力，無法恢復你的精神，因此我們在此情況下消耗生命，又因人的念頭，阻擋外在靈子補充自性，所以人就一天天變老。因為細胞無法新陳代謝，老的細胞與老的精神還在，人就產生了「執著」。

如何取得這些「陰陽」與之中和呢？「工欲善其事，必先利其器」，要使自己能夠得到這些「究竟」的「究」（靈子、陽的靈子或剛的靈子），就須把自己先準備好。要知道天地之間、陰陽之道是如何形成的，一定要循規蹈矩，遵循這些法規，即是「自然的法規」——「人法地，地法天，天法道，道法自然」，遵循著天的「陰陽」與地的「陰陽」而走。

瞭解天地間所有的一切，才能將自然能量拿來己用，成為「精神」。人會攝取兩種能量：一、靈子給我們的，讓我們產生精神。二、熱量產生的是我們放射出去的念頭（靈子），就產生了七情六慾、妄情與妄念。當靈子進來時，自己須去分辨好壞（要過濾）——「滌除玄覽」用玄。「玄之又玄，眾妙之門」，「眾妙之門」是說，形成精神的話是陰陽，你看不到，但它確實存在。

我們修道者一定要知道，如何用我們的智慧，巧妙的變化成我們所需要的物質，取之於自然，用之於自然，「必先利其器」——工具須準備好才能完成事情。

有物混成　先天地生

當宇宙有「東西」存在時，是先有「天」的開始，天即是宇宙，亦是空間，有了天之後，才有地球與所有星球的形成。「圖於易」星球懸掛在半空中布滿整個宇宙，如同一幅圖畫，國外有十二星座，而中國古天文學記載則有二十八星宿、七政、五行金木水火土日月。從古至今世界各國都有天文學家在研究宇宙．觀察星球的變化。

宇宙運作的聲音很大，但我們聽不到，所以感覺宇宙是安靜的，星球與星球之間的距離很遙遠，恆星是永遠不會移動，地球是繞著恆星走，有一定的運行軌道。一劃開天闢地之後，天地渾沌未分之時是為「無極」，變成一個圓而生兩儀，兩儀即是日月，天地日月固定後再產生四象、五行、八卦，這些圖象是固定，永遠不會改變。因此我們要去了解天地日月的形成，要知道天地之間存在的奧祕與天地為何能長久？這是修道者所要學習的理念，且須向天學習並了解。

《莊子．應帝王》篇寫了這麼一段：「南海之帝為儵，北海之帝為忽，中央之帝為渾沌；儵與忽時相與遇於渾沌之地，渾沌待之甚善。儵與忽謀報渾沌之德，曰：『人皆有七竅，以視聽食息，此獨無有，嘗試鑿之。』日鑿一竅，七日而渾沌死。」

此篇立意是無心，應當依順自然，決不可有所作為。此處的渾沌可譬喻「有物混成，先天地生」的道體，可視作「無極」或「太極」是「一」；「儵」與「忽」可視作「兩儀」或「陰陽」是「二」，二與一為「三」。二又不安其分，於是開孔鑿竅，以至於「七」，從此智端一開，則天下的事件由此生，是非善惡即生，而繽紛彩色世界即呈現。

宇宙在渾沌時產生了一切，由天的形成到所有星球的產生再有人類的出現，所有一切都是天所生，為天下母，人要效法地，地有山川海、有風與日月，要效法自然界的一切，地再效法天，一層層的效法，天效法道，道法自然是顛撲不破的真理，如有反其道而行者，必是自害害人。

修持一定要從本身立足點開始，效法自然界，要知道大自然的變化以及人的形成，才能呼應宇宙的一切，讓我們能延年益壽、返老還童，自性回歸本位。

鄞鄂

人所散發出來的氣息是髒的，因為我們的皮膚會呼吸，吸氧氣，吐出不要的二氧化碳，而人有很多不好的意念，像是「五蘊」、「三毒」、「七情六慾」這些都是人散發出來的意念，此意念充滿在空中的舍利子裡，意念是看不見的，但是意念是可以表現出來的，人在想什麼，我們無法得知，但人有好奇心與窺視的心態，別人想什麼會想要知道，這是「放射力」與「吸引力」的作用。虛空中視之不見的東西是靠「放射力」與「吸引力」來傳遞，老師常講要將我們的「鄞鄂」、「界限」鞏固好，不要隨意將意念散發出去，那等於是在放射我們的能量，就好比太陽一樣二十四小時都在放射熱量，太陽爆炸放射出日光，地球一震形成了山川海，而人的思想一震，產生了念力，放射出能量，窺視別人的同時也是在放射自己的能量，如果我們沒將城池（鄞鄂）做好，在被窺視時，別人不好的放射力進來，我們會馬上吸收，彼此會互相吸收，這是念力的放射力與吸引力。而我們要如何吸取地的能量、形而上的陽能量，這是一套功夫，就像植物一樣，植物是從一顆種子開始。在混沌之時，陰陽兩股之氣相結合產生了「不易」，而這些星球再放出能量產生「氤氳」，氤氳是有吸引力與放射力，這一點真陽落入了真陰裡面產生了磁場放射出磁力，結合了是故空中的能量、能源，產生了一股能量叫作「炁」為先天之炁。星球羅布完成並且立節通氣，所有的動植物皆是由胚胎開始育化、生育，一顆植物由種子播種於地底下攝取了地的養份，所有的胚胎都是受到地的熱能（陰的能量）開始養化自己，我們人也一樣，要吸收母親的營養，陽施陰受開始受胎，受胎時也須由母親來供給養份。

種子播種於地也是要坤（地）柔順的能量開始接收陰的能量，所以不管是人或植物一開始都接受坤的能量（陰的能量）。種子能量進來時須基礎打好，盤根、萌芽，我們人也是一樣，胚胎經過十月吸收坤的熱量而成另一個個體。所以人與大地一樣，大地稱為「大地之母」，地是我們的母親屬於坤，因它能育化、養育萬物。我們的思想要單純，否則會產生很多的放射力，將自性光放射即是在消耗自己的生命。我們一定要「靜」，「靜而能定，定而能神」，「神」即是自性，將自性凝住。雖在文明的生活中要跟著時代的腳步走，但我們的思想、思念要保持單純，當能量進來時不要隨意放射出去，要將城池鞏固好。

把握機緣　適時而行

一般的眾生平常只注重形而下的功夫，重視眼前的一切，以民生之利為主，較在乎金錢、事業，順勢成人，為了生活、家庭以及自己的一切而忙碌。因為重視三餐溫飽以及照顧家庭，卻忘了還有修持之事，就如同我們告知別人要修持、修道，所回答的總是說：「我又沒做壞事，我只要家庭顧好就好，為什麼要修道？」只想順勢過自己的生活，但過好日子的同時，「五蘊」、「七情六慾」也順勢而起，那本身就難治了，所以我們要去除七情六慾，除掉所謂的「情」，利用情返回金性，形而下的一切都屬於情的部分，如果沉淪於情的世界即無法返回本位。

眾生對於自己的生命與未來沒有遠見，因為民智不開，所以對於自己的生死與另外一層生死無法體悟，以前的社會注重於民生方面，眾生將修道或是宗教當成一種低俗的事，認為修道、出家人對社會是沒有貢獻的，把修道的層次看得很低，因而鄙視無生產力的修道者，反觀外國人則是將宗教當作是很神聖的事。現在社會已是個宗教多元化的時代，但是對於物質還是非常重視，眾生非得等到錢賺足了或是事業有成之後才會想到要學道與修道，一般眾生皆會有這種觀念。

在《中庸》裡有此一段：「子曰：『道之不行也，我知之矣；知者過之，愚者不及也。道之不明也，我知之矣；賢者過之，不肖者不及也。人莫不飲食也，鮮能知味也。』」其大意是：「孔子說：「中庸之道之所以不能實行，我已知其原由，因為聰明的人把道想得太高遠，往往不甘於平常，做得太超過，而愚笨的人則無法理解道就在日常生活當中，致無法去應用與力行，凡人皆要吃喝，可是很少人能嘗出食物的真正味道」。

「在世成道」是本身自己的神（自性）能夠讓肉身不死、延年益壽、返老還童，但在此情況下一定要經濟平穩，生活安定，「先顧好肚子，才能顧到佛祖」，我們要先將工作做好，再將自己的身、心、靈調整好，此缺一不可，但當你的物質與生活平衡時也得想到趁年輕趕快來修道，為自己的以後打算。

知止能得

我們走的是正道，要靠自己本身努力，不要像旁門左道靠一些外物，老師重視的是「實修實練」，自然能量是大自然給我們恩澤，「澤」代表兌卦屬金，我們的肺臟也是屬於金，我們的一切是要靠著氣的能量輸送，「精氣神」是人體的大丹藥，我們要合乎於天道，將自然能量引進身體內與精氣神合而為一，要靠著我們的肺氣才能夠一陽生。兌卦代表「恩澤」，澤是指窪地有水的地方，有水便會有生靈存在，有生靈則有生機。大道不會跟旁門左道走在一起，修大道能夠元亨利貞，與天地自然相通，不需要靠外物。

《禮記．大學》篇裡寫到：「知止而后有定，定而后能靜，靜而后能安，安而后能慮，慮而后能得。」知道最高理想和目標在哪裡，就會心有定見，不會迷失方向。心有定見，就能平心靜氣，不會張皇失措。能夠平心靜氣，就能沉著安定，不會輕舉妄動。沉著安定，就能面對問題深思熟慮，正確思考。能正確思考，就能有好的結論和收穫，達到目標，不會走錯路（達到完美的境界）。

形而下的生活已足夠時，要知道停止，並且要有形而上的功夫才能夠延年益壽、返老還童，形而上的功夫就是「修持」，要知止就不殆，生命才能得到延續、長久。「殆」是危險的意思。

上天給予我們「靈能質」，它們是三位一體的，把「質」身體保養好，讓身體活得長久則自性所吸收的能源會更多，而自性也會越清，靈性會變濁是在於我們有過多的念頭，所以我們的質能夠活得長久的話，便能利用上天的能量洗滌靈性上的濁，自性就會變清。

常德規範

「知其雄，守其雌」雄屬於陽代表乾（天）為動，雌屬於陰代表坤（地）為靜，地為創生，因為地創造了萬物的生命。萬物中有男有女、有雄有雌也屬於陰陽，人分男女，陰陽結合才能延綿下一代，一男一女合起來是一個「好」字，所以人為「好生」，則是一代傳一代的意思，也稱為「襲明」。宇宙是有生命的，人在大地生活，大地創造了人的生命，人要守住這個「雌」，要再回歸「雄」，回到宇宙中的另外一個空間，所以我們要知道陰陽兩儀。

人是腳踏著地，頭頂著天，立足於天地之間。天地之間有陰陽兩儀，道是兩儀的源頭，人是在兩儀當中，要回歸於道的話，就要藉由陰陽之炁及陰陽的一切，順著自然界的序與春夏秋冬、二十四節氣來調節我們的「形而上、形而下」。我們的靈性來自於上天（無極），並不是從靈魂來轉世，是由自性而來，既然來了人世間就要忍受人生中的酸甜苦辣、七情六慾。有幸成為人來到人間歷練，便要能經得起這樣的歷練，如果經不起歷練，日子隨波逐流一天過一天，這樣的人生是不會非常圓滿的。雖然自性是從無極降世成為人，但如果不知道修道，不知道如何守其辱，只是隨波逐流追求物慾，那就無法回歸於無極，你如果覺得當人很舒服，便會忘了回去的路，即便知道自己的前世是來自何處，但是忘了修持，仍是無法回歸。

人的境界是一場歷練，《道德經．左契章》有提到，我們是與上天簽了合約因債務而來，來人間歷練清償債務的，如有未還清債務或有不足的地方，則再來輪迴於人世間繼續清償，所以人是背著債務來的，並不是來人間享受的。「人生是苦海，回頭是岸」要懂得回頭看看來處，人要向後看（來處），不能向前看，一直向前看的話，便會沉淪於追求當中。人都會有脾氣與毛病，我們修道就是要將本身的脾氣、毛病去掉，以「常德」做規範，才能夠把「德性」顯現出來。

知足

道在自然之中，修道與工作也在自然之中，我們得善加利用時間，且要心無罣礙才能成得了事，如果心有掛念，整天掛念未完成的事，那身心靈即無法安靜，會阻礙能量進來又消耗了我們的生命。當人有了慾望便會勞碌奔波，因為想要累積自己的財富，想要的愈多則年輕時即不會去注重生命，總認為自己有體力，趁年輕積極創造事業，為事業勞碌，結果生命力卻快速的消失。到了更年期則生命快消耗殆盡，體力變差，這就是我們勞碌奔波耗弱生命的關係，生命耗損卻不知道要將生命補回來。

之前老師曾講過回補生命的方式，第一種方式是在睡覺沉睡時。當我們進入沉睡時，在沒有意念與慾念的狀態之下，身體會完全的放鬆，好比處在天下太平之下，此時身體是與天地同在，能量才能補進來，即是「還虛五行合七政」，內五行要與宇宙的七政（金木水火土日月）相呼應，這是無為的方式。但是沉睡時所補充的能量有限，因為當我們早晨一醒來，意念就浮現，這些意念會消耗能量，因為修補不足又在消耗生命，所以我們才會一天天的老去。

另外一種方式則是「靜坐」。靜坐可以讓我們減少慾望，開始靜坐時慾念會產生很多，一幕一幕呈現在眼前，但是當靜坐一段時間後慾念會愈來愈少且會愈來愈靜，會變得不喜歡講話，因為話多將傷神、傷氣，耗弱精氣神，精氣神是我們人體的大丹藥與外在能量配合，才能夠養我們的生命，現在最重要的是將我們的精神、生命補回來，所以修道要趁早趁年輕。

如果我們懂得「知足」，滿足於現況讓心態安定，那我們的心就能沉靜下來，如果不知足的話，慾望便會一直牽引著我們，因而消耗生命，且是在無時無刻的耗散。念頭的放射力是非常的可怕，好念、歹念都不要，要「知足」現有的，以現況來改變未來。也就是說用宇宙的能量來補充我們的能量及改變身體機能，讓細胞新陳代謝，生生不息，所以我們要將念頭去除就能與天地同在並與天地同壽。

眞性（純白無瑕謫）

宇宙是先從圓環開始形成，在圓環之中有氤氳，這些「氤氳」則是宇宙的生命，也就是所謂的「靈子」，靈子是白色、純白無瑕，無數個靈子聚集在一起成「氤氳」，如同白煙一般，這是金子，也是我們的真性。當金子（真性）聚集起來時成為水，水再凝結成冰成為土，形成了所有的星球，所以宇宙開始時是繁星點點，由此可見宇宙是由真性所產生，真性就像真金一般。

我們的「自性」是從致虛極而來，是「純白無瑕謫」，墮入人間後感染到七情六慾，也就是說我們的識神感染了我們的元神（祖炁），元神已被感染，在清靜經裡面有講「清者上升，濁者下降」你感染愈多，靈子上去的少，剩下的皆充滿了人的意識形態，即得再次墮入人間輪迴。

在《論語．八佾》篇：「子夏問曰：『巧笑倩兮，美目盼兮，素以為絢兮。』何謂也？』子曰：『繪事後素。』子夏曰：『禮後乎？』子曰：『起予者商也。始可與言詩已矣。』」此段也告訴了我們：「禮是白色的，人性向善，本來就美且純潔，向善再加上白色（禮）更讓美顯現出來。禮並沒有給人加任何的東西，而是人性向善，本來就有它很優美的品質。有適當的禮表達真誠的情感，情感表達得宜，看起來特別的好，就好像『巧笑倩兮，美目盼兮，素以為絢兮』，白色讓它更加的美麗。所以禮是以後再加上的，也代表『禮』是『白色』。」

正如《易經》裡面的賁卦，「賁」是裝飾品，真正的裝飾品到最後白色是最美。換句話說，真正的裝飾品不能靠外表，是要由內而發，你有內在的品質，外面的裝飾愈少，反而越好，如果內在品質不夠好，外面再怎麼裝飾是很容易被人揭穿的。此亦指我們所說的「元神」，要啟發我們的元神，由內而發，將我們的元神啟發充分表現並呈現出它特有的質。

人的真性（自性）要經過火候的粹煉，這些火候就是我們的生活，我們的親情、五倫與人事地物，我們的一切從出生到成長，這些都是我們要粹煉的，粹煉要趁早，生活是粹煉，粹煉我們的元神（自性），我們的祖炁（元神）是純白無瑕謫且是巍巍尊高是非常的珍貴。

力行仁義

修道者要成材，要用法規、法度來規範，要按部就班，不能好高騖遠，如果好高騖遠截直取彎，則會走入旁門左道。「法度」則如佛家的戒律，在雲旨玄學稱為「培德」，要用德性來規範才能成材、成道，如果沒有按照法度走就無法成材成為棟梁，那便會成為神木永遠存在於人世間，沒辦法離開，意思是說靈魂一直在人世間輪迴，人的自性歸位於陽的境界，才稱為「自性」，如果在人間輪迴則為「靈魂」。

「善」是做善好的事情，做善好的事也只是做公德而已，做公德為善只是添加自身的福報，最大的福報頂多是到人間成為神供人參拜，但是「神器不可為」。有神便有妖，降妖伏魔是神在做的事，但是神與妖都是還在人間，神明亦是在人間的境界，無法回到致虛極的境界。做善做公德是必要的，這是在囤積福報，但是做公德時也要做功夫。

現在有很多善復為妖的現象，因為大家都不懂得修持來利益自己，老師常講「公修公得，婆修婆得」這是功夫，現在在台灣有一個很不好的現象，「想要成神明，只要做善事、做公德便會有」，這樣就會演變成只要用錢做公德換取果位就可以，不需要修行，但是果位換不成則會成妖，還是在人世間輪迴，在人間輪迴十世就成妖了，善與公德是必需要做的「公德」

與「功德」要雙管齊下一起修持，好比一雙筷子一樣。

《禮記・儒行》篇：「儒有衣冠中，動作慎。其大讓如慢，小讓如偽。大則如威，小則如愧。其難進而易退也，粥粥若無能也。其容貌有如此者。」儒者在外表上給人最清晰的印象，應該就是謙卑禮讓。既然以禮自持，因此服裝行為一定很謹慎，不會要求有特殊的表現。然而禮讓也並非任何事都一樣，要看大事小事，但最重要的是要看是否合乎做人做事的基本原則。不標新立異，不譁眾取寵，不鋒芒畢露，不力求表現。

人因為好逸惡勞，所以人之迷，只要做公德，以後就可以成神，當神是要靠修練的，也是要輪迴，修練才能成道。有修為的修道者必定會將自身的光芒收起來，有謙虛的心態，如同稻穗般愈飽滿愈低垂，非常的謙虛。

自然定律

「自然」，風是一陣一陣地吹，並不會從早吹到晚，也會有停歇的時候，而暴風雨也是會有停歇的時候，大地自然能消化風和雨，這是自然界的現象，也是天地的自然運作，即是「自然定律」。如果風雨不停歇失去了自然界的規律，地球會因此而毀滅，自然無定律即是陰陽不分，沒有太陽、月亮，天地都變黑暗了，天如果要滅地球，只要下七天七夜的大雨，就能毀滅，聖經有提到上帝創造天地與人花了六天的時間，第七天休息，即是「禮拜天」。

自然界的陰陽能量是圓的，我們要吸收這些能量來汰換身體的細胞，人體的細胞是七天汰換一次，所以當能量進到體內之後，第七天便已經老舊不能使用，「七」是一個變化之數，聖經中亦提到耶穌建立世界是花了七天的時間，而中國文化的《易經》也說：「始於一，立於三，成於五，小變於七」，河圖為「九六」，洛書為「七八」，八八六十四卦，七七四十九數，因此「七」是變化之數。

我們一定要去了解宇宙自然的能量，才能知道對於人體會有什麼樣的影響，我們要像伏羲氏一樣仰天俯地、觀察自然、洞悉宇宙，才能明白自然宇宙能量的形成。天地總有一天會毀滅，何況是人呢？老子也說過天以下的一切萬物都會毀滅，人的歲數也只不過百歲而已，所以我們一定要把握有限的歲月。人的肉體會因時間而毀壞，但是人的靈體不會毀壞，人的靈體是一團靈光，靈體進入到肉體，會分布於全身，指揮著我們的大腦，靈體即是人的「自性」所謂的「元神」。我們利用形而下（後天）的身體與自然同在，吸取自然力量來成就靈性，這是我們的德性。上對下施予恩惠稱為「慈」，下向上取得恩惠則是「德」，當我們成為有德者時，要能夠上惠其下，再將上天的道與德傳播出去，所謂的「傳道佈德」，本身有自性的功夫，亦是所謂的「功德」，有德者用自身的功德來做利益眾生的事，即是所謂的「公德」，有德者是功德與公德並行的。成為人免不了要經歷生老病死的過程，從出生到終老也只不過百歲的時間，這是人的過程，如果在這過程中不知道要修持「道」，無法了解「道」的重要性與無法受到「道」的德性恩澤以及體悟「道」，便會因此而流失了「道」，當肉體滅亡時，自性則無法回歸本位，便會再次成為靈魂繼續在人世間輪迴。

順萬物之性（自然之道）

人因環境而產生自私，環境可造就英雄，因有這「自私」而產生了大愛，從關心自己與家庭成員開始到能夠關懷整個大眾，這樣的自私是好的，但是如過於自私，違反了倫理道德則就不好。「自私」放在倫理道德上是件非常好的事，以一人之功利益於眾生，天地是最無私的，沒有自我，因為天地就是自然，自然的奧祕產生了萬物又有承載萬物的責任，而天地是寬廣、浩瀚的，不因我們的出生而生，也不因我們的滅亡而亡，是為了眾生一直在延續宇宙的生命，同時也在扶持我們的生命。

天下一切的物類都是非純陰純陽，我們人也是非純陰純陽，人有男女之分有父母關係，因此我們要將自性回歸於純陰純陽，這樣才能與天地一樣長生。我們的自性就是我們的靈子，我們的質是由我們靈子最大的精華所產生，能夠跟五行之氣相配合。

《禮記．大學》篇中亦有此段：「物有本末，事有終始，知所先後，則近道矣。」人間所有的事物，都有它的根本與基礎和細微、末節的部分，事情也有結束和開始，知道優先順序，就離正道不遠了。聖人是知天文地理、無私、無我相的有德者，聖人希望我們每個人都能從凡人變成聖人，因為我們的靈、能、質也與聖人一樣，所以我們仍是可成為聖人的，成為聖人之後即可長生。靈性與身體結合成為人，聖人會利用天地所有的「能」去修持，則是所謂的「陰陽能量」，又因聖人知天文地理、無我相、無私，為眾生不為己，才能成為聖人，而眾生則都是為了自己，此兩者的出發點是有所不同，要能成為聖人是得經過歷練的。

人因有七情六慾致常牽動我們的心與自性，阻礙了我們的修成，但也希望我們能在此環境之下可破繭而出，讓心性平穩，不再被七情六慾所束縛，所以我們須遵循「五倫八德」，遵循著大道而行，道的自然界才能夠成就我們。

火候

修道者本身要懂得拿捏修道的火候，要有細膩的覺察心，如果在靜坐當中腦中浮現情境時，你的氣便已經濁了，但是自己卻還不知道，因此，在靜的時候，當情境顯現時，你要去了解它為何會一直顯現出來，其實這些皆是自己的記憶印象，當我們靜下來時，所有的思維則會出現，之前做對或是做錯的事都會現於眼前，這個時候則要趕緊把握時間自我反省，錯的就改進，對的就繼續往前，趁此時把記憶印象清除，自然就能心安理得。

「火候」對「修練」是代表「時間的拿捏」，不管是為人處事或是修持功夫，我們要保持細膩的敏銳度，發現不對時要馬上中止，不要陷入不對的情境中，這也是「火候的功夫」。因為氣的清濁變化是瞬間的，情境出現時，在渾然不知的情況下，你會被情境拉住，一直往情境的深淵走而無法自拔。所以我們以後天的一切來修自性及回到致虛極，要懂得分辨與火候，這是非常重要的。古代道家所講的「火候」是五金八石的煉丹法，用外丹的力量來成就內丹；五金是五種金屬，八石則是八種礦石，五金八石皆具有毒性，煉丹法是將它們的毒性去除，提煉其中所含微量的元素成丹藥，再以此丹藥補充身體的五行，其實這方式是很不保險的，因為很容易中毒身亡，如王陽明即是因煉丹時吃到砒霜而中毒，可見提煉外丹是很危險的事。其實並沒有所謂的「仙丹」，只有地玄丹，亦是「中藥」，不過中藥也是要合本身的體質及病因，再配合身體的五行相生。我們須要有耐心不能急求，因為心急意會亂，會看不清楚前面的路，喪失判斷的理智，對於正道便會無法判別，結果一直往旁門走道走。

《莊子・人間世》篇：「夫愛馬者，以筐盛矢，以蜄盛溺。適有蚊虻僕緣，而拊之不時，則缺銜毀首碎胸。意有所至，而愛有所亡，可不慎邪？」大意是：「愛馬的人，用別緻的竹筐接馬糞，用珍貴的蛤殼接馬尿。恰巧蚊虻叮在馬身上，愛馬者如若出其不意拍打蚊虻，馬將受驚咬斷口勒，毀壞頭上胸上的轡絡。本意出於愛而結果適得其反，這可以不謹慎嗎？」

老師常講：「學生找老師，學生要觀察老師三年，才決定可不可以拜師；而老師也要觀察學生三年，再決定可不可以收為學生」，這是互相的，要彼此先觀察，不要因為心急就亂投亂走，結果走入了旁道而不知，一門深入便是一輩子的事，所以求道學道要慢慢來，火要細要慢。

上德無為

天是一個純陽的地方，聚陽成乾，陽即是「一」，天得到純陽、純陰則清。「一」為陰陽。聚陽成乾，聚陰成坤，稱為「乾坤」，宇宙為乾，大地為坤，乾坤則為「天地」。宇宙的奧妙，這個奧妙得到純陰、純陽的平衡，便開始有靈，「靈」也是奧妙，各有各的歸處，人的自性也稱為「神」，這個神並不是代表神明，而是奧妙的意思。宇宙的奧妙是指三垣、二十八星宿、五行、七政，我們要去了解宇宙之間的奧妙，我們的神要去得到這個「神」，才能夠靈。我們要成為賢能者，須有修為，要成為人群中的表率更須效法並學習形而上（乾）的不易，與地（坤）的簡易。

宇宙中的生命是星球，星球所散發出來的能量是看不到、摸不到的，但它確實是存在著，因為它「無為」，用這「無」此能量來給予我們，「無」是靈子，是五行精華的靈子。

賢能者所作所為都是為了眾生，而眾生是為了自己，要成為賢能者須效法天的無私無為，沒有目的也不因為了什麼而付出，是不求任何的回報，此無私無為的行為值得我們效法，我們要效法宇宙的「不易」。然後也要效法地（坤）的「簡易」，天為乾、地為坤，一點真陽墮入了真陰，產生了通氣立節後它能厚德載物，所有萬物的生靈都在地（坤）裡面，所謂的「天生地養」，地也是在無為的付出並養育我們。

所以我們要效法天（乾）的不易與地（坤）的簡易，這是「道德」。「德」在天為「道」、在地為「德」，稱為「道德」。我們要敬德，敬上天給我們的德，可長可久且須實際地去做，「敬德修業」一定要並行，要有天的德性、地的厚德與人的仁義，此稱為是太極，天、地、人是一定密不可分的，須效法之。

復歸於樸

「聖人」是指有道德的人，聖人用智慧、德性利益眾生，教導眾生仁義道德，行有道德的事，讓眾生不會犯規矩做犯法的事。有聖賢治理的國家，百姓才能夠安樂，在安樂太平的環境才有辦法修道。當我們在好的環境時，要懂得把握機會修持，回歸於先天的智慧，合乎於自然、合乎於道，再用先天的智慧給後天用，利益於眾生，先天智慧的境界是無窮無盡，而且合乎於道，因為「道」才能夠利民，有道便有德，道就是自然，合乎於道才會有德。

「仁義」是聖人所做的事，「仁」是有道德、有德性的人，「義」是正正當當的行為，仁義道德、禮義廉恥這些仁的行為是屬於後天的仁義，要將後天仁義行為去掉回歸於先天。先天的仁是指地球的軸心，「天心無改正子時」就是先天的仁，一劃開天，將無極劈成兩半，分成陰陽，「一劃」即是軸心，與地球二十三度半的軸心一樣，這個軸心就是「仁」。當去掉後天的仁義時，道會給予最好的德性，也就是貴為食母，回歸道源，攝取「道」給予我們一切的能量。我們小周天應付大周天運轉時，要回歸於道源，伏食道母的能量，這樣才能夠延年益壽、返老還童。

「樸」是指樸樹，它是非常堅硬的樹木，以前都用來磨東西，如同現在的磨砂紙，磨刀石，這種樹很堅硬，但很醜，除了磨東西以外，並沒有其他的作用，復歸於樸意思是說我們要用常德來磨人性，即便是德修足了，還是需要再磨練（常德是指永恆的德性）。

老子《道德經》中一直強調「樸素」，是要我們以樸素為基本，不要貪求榮華富貴，不然的話，思想便會被拉著走，當你求得金玉滿堂，就會怕有盜賊，樸素沒有慾望的話，便能往修道這條路走，好好修道學道。修道學道最後是要捨棄後天的行為及智慧，要拿先天的智慧來利益自己，讓我們的本性回歸於本位。

邁向光明之道

「道」包括了宇宙、能量、一切物質以及靈的來源，即是「自然」，「道」是自然地發生，道生一，「一」亦是「太極」，也是「太一」即是一個「圓」，道是一個圓，裡面是圓，外面也是圓，通通都包括在裡面，在「道」這個「圓」之下，產生了銀河系、太陽系及其他星系，一個星系是由好幾萬顆的星球組成的，這些星球都在道之中，所有的星球是沒有空氣的，只有我們生長的地球是有空氣，因為有大氣層包覆著，大氣層中含有氧氣，適合生物居住。

太極亦是「渾沌」，渾沌開始生萬物，而這些萬物有的很大，有的很小，太陽及其他星球就是大的萬物，小的萬物包含了我們肉眼看不到的能量離子（靈子），「靈子」即是在心經所講的「舍利子」這些都在「一」裡面，「道生一」講的是宇宙觀念，這時候還沒有生物的形成，只是宇宙的形成而已，道自然發生了這一切。

一生二，「二」是指陰陽，太極分陰陽，宇宙產生了陰陽，分成純陰、純陽，純陰不生，純陽不長，需要陰陽配合才能夠生萬物。二生三，「三」是一個象數，天地除了本體（體）之外，還有象及用的演變，所以分為體、象、用。道生太極，太極生兩儀，兩儀為陰陽，陰陽產生了象，象就是萬物，萬物亦是有形有相之物，天下的物類漸漸產生，每次的演化所經歷的時間是非常久遠，並非短暫的時間即可產生的。三生萬物，這時候地球已經演化成為適合生物與人所居住的地方。

樹木為了要生長，它很努力的向下紮根，不然風一吹便倒下，同時它還可攝取更多的水源，枝幹向上生長吸取陽光，行光合作用，這是樹木的生長之道。我們修道也要遵照自然界的易，從根本開始實在修持，要將根穩固好，一步一腳印往前走，不能好高騖遠，也不能捨近求遠，更不可走入旁門左道求極速的法門，修道要專一、專心，須要自己一步一步努力修持。我們要從立足點開始，要成為一顆大樹也是要從樹苗發芽開始，九層之臺也是從基礎開始建立的，千里之行也是要從現在開始走起，一步一腳印用心學道才能夠成功。

明心見性

知難行易，知易行難，天下莫能知，莫能行，為什麼呢？因為我講的話太簡單了，你們不會去做，你們想搞花樣，花樣越多越好，說得越困難你們越喜歡，但是我講的卻是很簡單，照著我的方法簡單去力行，我講的即是陰陽，陽極而陰生、陰極而陽生，日出而作、日落而息，晚上休息補充體力，體力補充好，白天則繼續工作，很簡單，可是在修行當中卻有很多奇怪的東西跑出來，才會產生一些旁門左道來引導你們，簡單的你們偏不要，因為太簡單了，這些都是「我知道」，也只是「我知道」而已，並不是「我能做」。

「明心見性」是一個修道者最終的目標，世間一切萬法不外乎是「體用」，體是本體，用即是作用；體與用猶如人的自性與心，「自性」是本體，「心」是作用，只有深切了悟心的作用，才能洞察自性的本體，若無心法之作用，自性之本體則無從彰顯，所以唯有「明心見性」才能成道、成佛。然而由於時空阻隔，當年祖師爺的「心法」傳承至今已是非常微弱，幾乎被世人遺忘，於是強調德性修持的法門，凡投入修道，都先從修德、培德開始，忽略了心法的部分，造成眾生對「體用」關係一知半解，又怎能參悟「心性」關係？想要達成明心見性的目標，自己得再加把勁。

眾生都知道，並非人人皆如「世尊如來」般，可無師自通，而「在世成佛」，因此修道者若要超生了死，非得有明師指點「心法」不可，遺憾的是心法失傳、明師難覓，只好退而求其次，依德修行，此舉雖不完美，但也與現代人的需求有所助益與提升。修道者要具備有高標準的德性，然後再覓得明師指點才能「明心見性」。

我們要有博愛的心胸，心胸寬大成就越大，相對地，心胸狹窄成就越小，我們自性會隨著心轉，想輪迴就輪迴，想往生則往生，因我們的思想、行為是以神應神，會如我的所想而願，所以我們要如同聖人般，心思開闊，與天地同在，天人合一，這就要靠我們的修為，但修為非一天兩天或一年兩年的事，「滴水穿石」一點一滴修為，不走捷徑，一步一腳印，不要懈怠，努力必定會有所結果。

上善若水

宇宙產生了星球的生命，再由星球產生人類的生命，從不易一直演化、進化到變易然後有萬物的形成，所有的動物、植物皆是由「水」開始，地球經過爆炸後形成了山、川、海，因此地球百分之七十為水、百分之三十為陸地，動植物最早是從沼澤開始演化，由苔蘚經過長河漸漸演化成灌木、森林。

水中生物演化成兩棲生物，再演化成陸地生物……由此可知不管是動植物或是人的靈性、肉體皆是由水而來的，這樣的演化是經過非常長的時間，以人的智慧是無法得知宇宙是從何時開始，更無法預知宇宙將會何時結束。但只要宇宙中有一星球稍微偏離軌道，便會產生天災，如果人沒有仁義存在的話，則會造成人禍，因此人要心存「仁義」遵循「天理」要「柔情似水」，我們的情要如同上天的德一樣，如水般的柔弱，因為世間萬物皆是由水而來。

我們的腎臟左邊是「性」屬於「先天」，右邊是「命」屬於「後天」，左性右命，以五行來說腎臟屬水，上善若水，最好的就像水一樣，而這最好的水不在外面是藏在我們體內，即是「腎臟」。左性右命，但是要如何用左性右命來提升自己並延續生命呢？我們要「降火提水」要運用自然奧祕的定律靈活的運用在身上，即為「還虛五行合七政」，自然一切的奧祕就是虛空境界，也就是「還虛」將我們本身還虛回去，善加利用我們的「水」，「上善若水」要記得去取用它。我們要拿自然的能量配合我們身上的瓊漿玉液，製成上品丹藥，其實上品的丹藥都在自身上，不需向外求取。

水火相濟性命全，心臟屬火、腎臟屬水，心腎要互相平衡，水火一定要相濟，心火旺盛時，腦火也會旺，即開始胡思亂想或做出錯誤的判斷，腎水多，腳會出現水腫的現象，所以腳如有浮腫現象時有可能是心臟或腎臟出了問題，因為心腎不平衡造成水火不相濟。「水火既濟」是很重要的，腎臟的左性右命要往上提升，讓心火在下，中間隔著丹田，丹田即是丹爐，用溫火煮水產生水蒸氣，水蒸氣會往上升到腦部，再降到間腦的腦下垂體（松果體），松果體自然會分泌「瓊漿玉液」到華池，再結合我們的精、氣、神。所以「心性」的修持是非常的重要，如此才能夠「水火既濟」，同時我們也要利用大自然的能量來催動我們。

道尊德貴

我們所有的眾生都生活在大道之中，要培養「德性」並儲存在自性裡，天地間所有的東西都是有形體的，道母生成萬物。天地所有一切萬物皆是遵循著自然的軌道，我們要尊崇道源，珍惜道母給予我們非常珍貴的德性。天地間的自然是永恆不變的，不論人類的生死輪迴怎麼變化，「道」依然持續著運轉。從以前到現在我們皆在大道裡生活與學習，我們要去行道、布道，培育德性，將我們內在的德性培養好。《禮記．中庸》第二十五章：「誠者，自成也；而道，自道也。誠者，物之終始；不誠無物。是故君子誠之為貴。誠者，非自成己而已也，所以成物也。成己，仁也；成物，知也。性之德也，合外內之道也，故時措之宜也。」大意為：「保持真誠，成就自己的本性，道也會自然而然地展示出來，誠，萬物的結束與開始都在其中，因此，君子非常重視並要求自己真誠，成就自己，顯示仁德；成就萬物，顯示明智。」誠是本體，是天命之性，實踐為道。「道中有德，德中有道」，道是尊大不能侵犯的，要用德實施才能展現出道的尊貴。「道」是「體」，「德」是「用」。大道生靈生萬物，天下的物類皆是道母所生，我們生活在永恆的自然之中，人法地、地法天、天法道、道法自然，一切的生命皆在自然大道中生活。

知足者富

「道」是抓不到的，同樣「舍利子」也是抓不到，因為「舍利子」非常的微小，人的念力亦是如此。念力散發時，我們的能量就已經在耗散，同時也在消耗我們的生命。太陽光代表熱量、舍利子，舍利子是故空中，無所不在，太陽光是種「能量」，我們的能量有兩種，即為太陽的能量與食物能量，食物的能量稱為「熱量」，太陽的能量稱為「溫度」（熱能），自然界的能量是沒辦法去抓的，不過自然能量它是無限免費供應的。

我們的念力、放射力、吸引力是不能分開的，無形與有形是一體的，意思即是「靈能質」，這三樣東西是無法分開。一元復始、萬象更新，但要做到這一點時須拋開七情六慾、拋開妄情與妄念，要忘掉所有的一切，要「靜」。人的自性、思想就像一個生成器，會有罣礙與罣心，會胡思亂想，無法靜心，我們要學習怎麼「拋開」我們的「七情六慾」，拋開我們的「妄情」。要守著自性，斷其一切外緣、外念，念力不要亂發射，念力亂發射便會開始胡思亂想，此時心念已經在毒害並殘害我們的身體，因為不好的意念散發時，細胞會因驚恐產生毒素，如無法「靜」下來排毒，毒素便會越積越多，因而產生瘤或癌阻礙了身體。

我們在慾望方面要能夠「知足少慾」，每個人皆會有貪嗔痴，因為人不可能安於現狀，好還要更好，會追求物質所需，但是我們不要過份的追求，適當就好。「知足」即是適當，但是適當很難定義，要依自己能力範圍所為，自己本身也要能夠知足，我們要恬淡少慾，不要想擁有太多的物質。

如果心思一直在追求物質的話，心念就會被這些物質所佔據，一切唯心所造，眼睛看到的、心裡所想的直接通往我們的自性，「道神德行」，「道」與「神」皆是奧妙之意，需要用德去行，當自性（神）被利益薰心時，心被利益蓋住了，那我們的自性就無法與道的神相通，便無法攝取宇宙靈子的能量，所以我們的心要與無形界力量相通要保持暢通。

化腐朽爲神奇

靈體還沒有降臨肉體時，人沒有生命不會動，靈體與肉體結合後才有生命，人死亡時，肉體要入土為安，萬物歸土，肉體回歸於大地寂靜，靈體則回到原來的地方——道母。地球是由七分的海洋、三分的陸地所構成的，人的性別分男女，男性有七分雄性荷爾蒙、三分雌性荷爾蒙，女性有三分雄性荷爾蒙、七分雌性荷爾蒙，這是「生之徒，十之有三」的意思，大地與人皆是十之有三。

《道德經》是老子在二千多年前所留下的著作，當時的天文都還不知道地球是什麼形狀，老子竟然知道地球是三分陸地七分海洋，且知大地與人是十之有三，由此可見「經典」是配合自然而運作的，是有科學的根據，所有的一切離不開自然，這是先人留下的智慧，我們要好好珍惜這部經典。

《莊子．知北遊》裡有此一段：「生也死之徒，死也生之始，孰知其紀！人之生，氣之聚也；聚則為生，散則為死。若死生之徒，吾又何患！故萬物一也，是其所美者為神奇，其所惡著為臭腐；臭腐復化為神奇，神奇復化為臭腐。故曰：「通天下一氣耳。」聖人故貴一。」生是死的連續，死是生的開始，誰能知道它們的端緒！人的出生，乃是氣的聚積。聚積便成生命，消散便是死亡。如果死生是相屬的，我又有甚麼憂慮呢？所以萬物是一體的，這是將所稱美好的東西視為神奇，所厭惡的視為臭腐。臭腐又化為神奇，神奇再化為臭腐。所以說：「整個天下就是通於一氣罷了。」因此聖人也是非常看重萬物同一的特點。

眾生過著衣食無缺、豐衣足食的生活，卻不知道這只有百年而已，不知道自性可以回歸於先天，只知道生活需要，為了生活努力，不管百年身後之事，因為沒有知識也沒有覺察之心，所以不知道身後之事的重要性。當身體的五行相剋時，荷爾蒙開始起變化，身體因而無法運作產生毛病。這是我們的禍，這是因自然界的天氣而產生，那要利用自然界的能量回到自性、回到致虛極去。

絕學無憂

在任何環境之下，你的自性要保持安靜，就像在非常寧靜的湖面上，沒有任何事可以打擾到你，你就容易制定出你的行事標準、謀略與藍圖。不堅韌的東西就易分離，微小的東西則易四散，做任何事在還沒有開始之前，在事情未發生前就要防患未然，大樹是由小開始生長，高臺是用土從下面慢慢堆起，如果你要走很遠的路就要從現在開始走起。

有德性的人會防患未然，讓眾生的生活保持安定，如亂的時候再來平治則為時已晚，固步自封則無法獲得智慧，將喪失一切。不去在意人世間的一切將會得到更多，一般眾生在做事之前會先考慮到自己的利益，就會忽略了自性的成長與成就，雖然肉體死亡，但是靈性是不滅的，就像開始的出發心一樣是不會停止的。不要奢華及追求物慾，要學習不犯錯，不去追逐名利要用「德性」讓所有的萬物回歸於自然，要懂得無為與天地精神相往來，但不執著。

《莊子．繕性》：「繕性於俗，學以求復其初，滑欲於俗，思以求致其明，謂之蔽蒙之民。古之治道者，以恬養知，知生而無以知為也，謂之以知養恬。知與恬交相養，而和理出其性。夫德和也，道，理也。德無不容，仁也，道無不理，義也，義明而物親，忠也，中純實而反乎情，樂也，信行容體，而順乎文，禮也。禮樂偏行，則天下亂矣。彼正而蒙己德，德則不冒，冒則物必失其性也。」

用世俗的學問來修治本性，以求回到本性；用世俗的思想來擾亂慾望，以求獲得明達；這種人稱為閉塞愚昧的人。古時修道者，以恬靜涵養智慧。智慧生成，卻不外用，這就是以智慧涵養恬靜。智慧與恬靜互相涵養，而和順之理就從本性中流露出來。德就是和，道就是理。德沒有不包容的，就是仁；道沒有不順理的，就是義；義理顯明就是忠；心中樸實而回復到性命真情的，就是樂；行為信實，心思寬容而合乎自然的節文，就是禮。禮樂是要和天下人的性情相合的，若將一偏的禮樂，勉強行於天下則將大亂。人人自正而斂藏自己的德性，不強加給別人，刻意強加給人必定違失自然的本性。

「絕學」是要斷了現在所學習的，也就是要學習到聖人的仁義禮德之後，然後要回歸於先天，那便會無憂，用自己的自性回到境界當中，吸取虛空境界的智慧。以後天之體修回於先天，就是「絕學無憂」的意思。我們要從下往上學修，依循聖人先賢的腳步學道、修道。

修身正其心

古代的修道者皆稱為「貧道」，貧道並非是修道者生活很貧窮沒有錢，而修道者貧窮的是自身的欲望。貧道只是沒有生活上的欲望、沒有五蘊及貪嗔癡，但是修道者富有則是成道的成就。一般人都會有欲望，想要更富有、想要物質的豐富，不斷地追求人世間的一切財物，想要擁有全世界，所以我們要如貧道一樣，將不好的欲望去除，把五蘊、貪嗔癡去除這樣才能夠修成正果、正道。

「照天行事」即是在修道、學道，順著自然走；自然界有金木水火土五行星，人體也有五行金木水火土，心臟屬火、肝臟屬木、肺臟屬金、胃屬土、腎臟屬水，五行的屬性會相生相剋，所有的修道方法皆是以土為中心，即是「戊己之功」，我們修煉的心法及內煉的功夫要歸於中土（中宮）、歸於規中。

「五蘊」色受想行識亦是「五陰」，五陰則是我們身體內的欲望，我們在學齡階段開始學習知識，自性由此開始蒙塵，慢慢地，五陰的欲望逐漸累積，然後造成身體的五行相剋而受損。雲子百字真經中有「還虛五行合七政」，即是我們內在的五行要與外在的五行相配合，要附合自然之道、附合宇宙，生命才能長存，但是我們會受到五蘊色受想行識的影響，造成身體的五行相剋而傷到內臟，身體受損卻還不知道，自認為自己生活習慣都很好，一直順著人生過程走，結果是人生七十古來兮，然後到終老，人的一生就這樣走完了，這亦是「順勢成人」。

「逆勢成仙」，我們要逆著回去，要去除五蘊，讓我們身體的五行合七政，讓身體五行相生，但是在我們修道去除五陰時，身體會有一些狀況產生或是更容易生病，甚至多年的內傷也都會顯現出來，那是因為我們的身體屬陰，七政的能量是屬陽，陽能量衝擊到肉體，自然而然會讓身體的病態顯露出來，還沒有修行前你會覺得身體是好的，一旦開始修行，身體便會產生變化、不舒服，這是身體反應出病痛的果，而「因」是在之前即已受，只是你不知道而已，「因果」有很多種，有身體的因果、精神的因果、意念的因果、自性的因果。

《禮記．大學》裡有此一段：「所謂『修身在正其心』者，身有所忿懥，則不得其正；有所恐懼，則不得其正；有所好樂，則不得其正；有所憂患，則不得其正。心不在焉，視而不見，聽而不聞，食而不知其味。此謂修身在正其心。」所謂修身在正其心，意思是說：「自身陷於忿怒、恐懼、喜愛、憂愁、煩惱時便不能平衡，一個人如果注意力無法集中，或另想別的事，雖張眼觀看也看不見，用耳朵聽也聽不進去，嘴巴吃卻吃不出它的味道，修身正其心就是要端正自己的心思。」

人只不過是百年身而已，每個人在人世間皆是過客，時間一到便要離開，不可能永遠存在，所以我們要去除自身的貪嗔癡、七情六欲，把握時間力行修為。

聖人無常心

聖人已是子午抽添、卯酉沐浴的成道者，聖人沒有常人的行為，無常心，當念起時馬上就能念滅，因為這樣才不會傷到身體及細胞。當起了歹念時，要用「常心」處理，不然的話，沒有傷害到別人，反而殘害自己的眾生，自己的眾生就是我們的細胞，聖人無常心，才能念起念滅，所以不能累積怨氣，不能讓念頭殘害了我們的生命。

聖人沒有世俗之人的想法，一切以百姓之心為心，沒有自我，為眾生著想，但是眾生還是眾生，眾生會拿著聖人的心來做自己的事，把自己當作聖人一樣。聖人是以眾生為前提，而眾生則是以自己為前提。一個修道者明白宇宙之間所有的奧祕，又能夠利用宇宙奧祕的能量來成就自己，就能夠成為聖人，成聖之後要利用本身的道行功夫來利益於眾生，處處為眾生著想，一言一行皆是為了眾生，而不是為了自己本身著想，一定要清者自清，將不好的念頭全部清除，沒有自我利益的觀念，這樣才能夠教導眾生行善。

人之三寶是「精、氣、神」，我們須做到：「非禮勿言、非禮勿視、非禮勿聽。」一、非禮勿言：「沒必要的，我們則不要多說，因話多會傷『氣』。」二、非禮勿視：「不該看的，則不看，因傷『神』。」三、非禮勿聽：「聽多了會傷『精』。」我們須守住自己的精氣神。《莊子．齊物論》裡有此一句：「大言炎炎，小言詹詹。」大言炎炎是指自然界的能量。詹詹即喋喋不休，因不知要守住本身的精氣神，與形而上轉為形而下的能量。當形而上的能量轉為形而下要補充於體內時，如只顧著喋喋不休，則能量將無法進來，且耗弱自身的精氣神，因話多則傷氣。「精氣神」是我們的大丹藥，當你耗散「氣」時，就是在消耗你的「神」，耗弱你的精華，也同時在耗弱你的生命。因此，須避免因無聊去東家長西家短，造就各種是非，但如果是正當的言語，該表達的仍須表達，只是我們不講「無益之語」。

教導眾生成道，要用宇宙不變的真理以及自然的厚德來教導，真理只有一個而且是不變的，不能用旁門左道教導走捷徑，老師說過修為、修持是一輩子的事，從現在開始到死亡都是要走修為這條路，沒有捷徑，且要一步一腳印的走。

相輔相成

學道要對自然有所覺悟，時時刻刻都要為道去精進，自然與精神就會有所豐裕，如果每天都沒有辦法對一切事物有所覺悟，就無法學習，智慧就無法富裕而有損害；因此要時時刻刻學習自然界一切的物件，就會有所覺悟，進而產生智慧。如果沒有學道、悟道就會有所損失，沒有精進去學習自然界的道，就會損失在人世間的時間，就導致沒有任何作為。用我們的智慧將周遭所體悟的過濾，剔除壞的保留好的，要有所選擇，以往的聖人先賢想要渡化天下眾生，一定把握每一天的時間去充實自己，道德義理飽滿與富裕之後，就好像沒事一樣，有事來的時候，他的道德與義理就可以拿出來應用、順著眾生應化，對事物沒有覺悟或無法精進的人，就無法以道德義理渡化眾生。

我們的行為與生活要運用虛空境界的妙智慧，但是這些智慧還是要靠人事的學習及修為的學習，這兩種學習是同時並存，如同我們的質與靈性也是並存的，人學習生活填飽肚子，是為了身體能夠活下去，而人的意識行為是靠自性並肩合作，這是「為道」，所以人的行為與自性會互相影響、牽扯，這是一體兩面。既然我們已經成為人，為了另外一個自己（自性），我們要學修，將學修所得到的知識、常識給予自性，再讓自性指揮我們的行為，彼此並肩生活，因為肉體與靈性是一體的。《禮記．中庸》第三十章：「仲尼祖述堯舜，憲章文武；上律天時，下襲水土。辟如天地之無不持載，無不覆幬；辟如四時之錯行，如日月之代明。萬物並育而不相害，道並行而不相悖。小德川流，大德敦化。此天地之所以為大也。」孔子效法堯舜的聖德，並加以傳述，他也遵循周文王和周武王的典章制度。往上遵守天時的規律，往下順應山川國土的特性，予以因襲。就像天地那樣，沒有什麼事物不能承載，沒有什麼東西不能覆蓋。又好像四時的交替運行，如同日月輪流照耀。萬事萬物一起養育於天地之間而不互相侵犯；各行其道而不互相違背，維持生態平衡。小的德性如溪水一樣長流不息，大的德性則仁愛敦厚，化生萬物。這就是天地偉大的緣故。修道的德性是有大小之分與階段性，自身修行的行為會影響家人，然後透過家人影響周邊的人，進而影響家鄉的風俗，好風俗則呈現和善狀態，然後一直影響到整個國家及普天之下，這樣便是世界大同了，修道的德性影響深遠，可以由個人到世界大同，「道」希望普天之下大同，雖有點困難，但是還是要盡力而為。

心安

人是好奇心很重的動物，有窺視的心態，在好奇心使然之下，往往會死於好奇心。我們在誘捕動物的時候，都是在利用動物好奇心的特性，才能夠誘捕到動物，「飛娥撲火」，點一盞燈，飛娥就會往燈火飛過去，修道者不要有窺視與好奇心的心態，不要自認自己心很正，不會受影響，但是往往都會受到影響，而且影響很大，所以不要用窺視的心態來看待這個世界。

如果因為好奇心而窺視，你永遠得不到你想要的，因為看到的只是表面，當我們明白「正道」時，則要登堂入室了解究竟，才能得知其中是光明？還是黑暗？但是在了解時要保持清明的心態，不受汙染，清者自清，濁者自濁，自身清明遇到清的，頻率便會相同，遇到濁的頻率不同，就得趕快離開，不要因為好奇心而繼續留下，那受害的會是自己。

人心不足蛇吞象，心猿意馬，這是人的垢病，也是因人的感官而起非分之想，看見或聽見別人所擁有的，自己也會想要擁有，但是彼此生活環境的不同，所擁有的也會不相同，在目前的環境當中儘量不要有其他非分之想，如果是想要創造自己的生命，這是很好的事，但如是想要創造自己的欲望，不管是金錢，物質的欲望，或是其他的欲望，則會消弱自己的生命。

「禍莫大於不足」禍端起於不知足，所以我們要知足常樂，不知足會生煩惱心而無法快樂，每天都在想很多的事情，相由心生，心裡想什、想要什，皆會由臉上反映出來。沒辦法成就時，卻一直處心積慮想要成就，這樣會產生不必要的災害，禍害遺千年，我們沒有能力得到的就不要去做，要量力而為，不然的話，不自量力時會產生弊端，而這些弊端會造成災禍，不管是對自己或是對別人都是一種災禍。不走正道而選擇走旁門左道，會禍害自己，古代的一些帝王為了要延年益壽、長命百歲，利用旁門左道煉藥丹來服用，結果反而殘害了自己的身體，也有暴斃死亡的，如王陽明就是死於毒物。修行者要真實、踏實，守人倫大道，認理歸真，不要在形象中捉摸，任何一個法門修行要達到成就，必須以「心安」為基礎，如果捨離心安則是非道，心安的法則就是要努力做到無悔、無恨之地。修道的成就是需要時間的歷練與磨練，不要走旁門左道的捷徑，「天降大任於斯人也，必先苦其心志，勞其筋骨，餓其體膚，空乏其身」需要自己一步一腳印力行，修為的成就是要靠自己努力的。

道中有德　德中有道

天地的開始以及天下所有物類的形成皆是道母所生，不管是看得到或是看不到，聽得到或是聽不到，所有虛的與實的都是由道母所創造，「道母」就是我們的「源頭」。既然知道我們的源頭來自於道母，我們就要知道自己是誰，道母是萬物的母親，也是有形，無形的母親，天生下我們的靈性，地滋養我們的肉體，我們的一切是天造地設，天生地養，這是自然的現象，所以要知道我們的源頭是從哪裡來，從哪裡開始，即是一般民俗說的「慎終追遠」。

要知道誰生養我們，我們要認清楚來處的源頭，不要認錯對象了，佛與魔須認清楚，不要認魔為我們的來處，我們要知道「道」從何處來，道的功能是什麼，道生靈生萬物，組織了我們的肉體，包括大地所生長的石頭、樹木、畜牲六道皆來自於道（道母）。既然知道我們是從道母而來，就要守住道母，當肉身滅亡時，自性才能回歸於道母，如果不知道「道母」是源頭，也不知道要守住道母，則當肉體滅亡時，自性會隨便亂跑，成了孤魂野鬼，因為在世為人時沒有修道、學道，也不了解人的來處是「道」，沒有記憶印象，就無法帶我們回到原來的地方。一般人不知道要修道，只是庸庸碌碌地過一生，父慈子孝，兄友弟恭，遵循著五倫八德過生活，並沒有做出傷天害理及違背倫理之事，但在肉體滅亡之後仍無法回到自己本位，只能在人世間再次的輪迴。

聖人是德性很高的人，有德性的人是不會傷民的，但是聖人雖有德性卻不了解道的功夫與方法，即便有了德性也無法讓自性回歸本位，所謂的「道德」即是「德中有道，道中有德」是相輔相成的，所以即便是稱「聖」的人，還是要了解宇宙的奧祕，遵循著自然之法，循著道回到本位。修道者一定要有德性，以德為基礎，修道者若是無德是很可怕的，擁有道同時也要擁有德，擁有德亦得擁有道，道是自然界所給予的一切，而德在於人事問題，是人與人之間的接觸行為，所以不能反道敗德。我們的一切皆會受到色受想行識的牽動，有不好的想法時，氣就已經濁了，因果業力便產生，所以本身清者要上升，一定要掌握火候功夫，所以火候是非常重要的，修練功夫一定要懂得拿捏火候。

乘道德（順自然）

古代的讀書人與為政者，因飽讀詩書而可為「善」利益於百姓，但即使通達妙不可言、廣博深奧的玄學，也無法有非常明確的體悟。修道者不可不知「玄學」，但你所了悟的勉強只能稱做是道的一小部分，並不能代表全部的道體，為善之士要隨時隨地了解在什麼環境下該做何種的行為，修道者的行為要像如履薄冰一樣謹慎，也要小心求證每件事情，不要人云亦云，心境要像山谷般的寬廣、空曠，不被混濁。常保清靜才能長生。

《莊子．山木》篇中有此一段：「莊子行於山中，見大木枝葉盛茂，伐木者止其旁而不取也，問其故？曰：『無所可用。』莊子曰：『此木以不材得終其天年。』夫子出於山，舍於故人家，故人喜，命豎子殺雁而烹之。豎子請曰：『其一能鳴，其一不能鳴，請奚殺？』主人曰：『殺不能鳴者。』明日，弟子問於莊子曰：『昨日山中之木，以不材得終其天年；今主人之雁，以不材死。先生將何處？』莊子笑曰：『周將處乎材與不材之間，材與不材之間，似之而非也，故未免乎累。若夫乘道德而浮游則不然，無譽無訾，一龍一蛇，與時俱化，而無肯專為。一上一下，以和為量，浮游乎萬物之祖，物物而不物於物，則胡可得而累邪！此黃帝、神農之法則也。』」大意為：「莊子在山中行走，看見一棵很大的樹，枝葉很茂盛，可是砍取木料的工匠在旁邊卻不去砍它，問是何緣故，匠人說：『因為材料不好，沒有用處。』莊子乃道：『這棵樹因為沒有用，所以能享盡天賦與壽命。』莊子從山上出來，就宿在朋友家，友人高興命童僕殺鵝款待，童僕問說：『有一隻鵝會叫，另一隻不會叫，請問要殺哪一隻？』主人說：『殺那隻不會叫的。』隔天，莊子學生問到：『昨天山上的樹木因為不材而能保全天賦與壽命，現在主人的鵝又因不材而被殺。請問先生如何處世呢？』莊子笑著說：『我將處於材與不材之間，不過材與不材間看似在妥當的位置，但其實不然，這樣還是不能免於累患。若是心懷道德處事，就不必論材與不材，既沒有榮譽也沒有毀辱，或如神龍現露、或如蟲蛇隱伏。順時變化，永不偏滯專於一物。或屈或伸，以天地中和之道為度量。寄心於未曾有物之先。主宰萬物而不被外物所拘泥。這樣怎會受到外物的累患呢！這是神農和黃帝的處世態度。』」處世若要免於物累，只有歸向「道德」了。修道者生活在永恆的自然之中，人法地、地法天、天法道、道法自然，一切的生命皆在自然大道中生活，修道、培德是時時刻刻都要做到，修道、學道、培德是可以得福氣與智慧，再用智慧帶我們回到來處。

爲人處事之道

自恃擁有而有所過之，不如來得其當，當你有某種長才之時，你就鋒芒畢露過度表現而忽略了旁人的看待，容易招受到其他人的抗衡，對你的處事有所不利，你要挫掉其尖銳，讓你的性格、處事方面能圓融，如有歧視須盡快除去，不可長留。

金玉滿堂是眾生皆所要，也是畢生追求的欲望，人人都希望能豐衣足食，也希望能在富有的環境下無憂無慮的過一生，但它能使人怠慢，始終沉淪於色酒肉之中，到臨終時再多的金玉也帶不走，只留給後代的子孫享用，但那將使這些子孫為了爭奪財產而反目成仇，造成這些子女好吃懶惰，眼裡只有金錢。有了富貴即不知要精進，不知要做到忠、孝、節、義，恃著金錢仗勢欺人做出違法行為，不知上進，危害地方百姓，如能善用金錢，讓眾生得之有利，教導子女能行天道繼承你的慈悲，豈不更好！

目前我們皆是在家修持，在家修持較難修，因為雜事多，能騰出時間修持是很難的，還要有顆堅持修道的心，更是難上加難，閒言閒語的多，再加上旁邊給予的建議也多，周邊的人都會以各自的意見為意見來主導我們修持的心意，隨時隨地會讓我們改變心意，但在這麼難處當中修持，會是最有成就的，因為我們親身歷練了生死離別及五倫。我們的人生就是我們的「道」，要如何在我們的「道」當中提升自己？這是非常重要的要不離此心，沒有離開「心」那才是重要，道在生活當中修練，所歷練的每一件事情都是我們的功課須去完成它。

我們修為重於實修實練，一定要身體力行印證經典中所寫的，如果只靠著前人的腳步走，照著經典修為的話，會有差距產生，就像寫書法般，不會寫字之前就用擬摹，但是擬摹有很多方式，花樣百出，所學習到的只是字的形狀而已，卻無法得到字的精髓，所以身體力行很重要，「迷者師渡」老師帶領大家入門，但是修行則要靠個人實修實練，以經典為基礎，體驗經典所講的一切。

千里之行　始於足下

既然知道「道」非常的好，也知道「道真、理真、天命真」，就要來學道、修道，對於「道真、理真、天命真」，我們要存著敬畏心，所謂的「尊師重道」，如此在大道中行走才會平坦好走，如果對道有任何批評的話，那修道就會有點困難，因為認道不清、認理不清，便不會有敬畏之心，當你用人有限的思想來看待「大道真理」時，就會有所批評，所走的路則會崎嶇不平、困難重重。對於「道」要有敬畏心，須虛心、誠懇的學習，用眼睛看、用耳朵聽，要能分辨出真理，然後認理實修，人生短短幾十年，沒有辦法重來，尤其是要將人的記憶印象洗滌乾淨是很難的事，如果因為認錯了「理」，修錯了「道」，將這些錯誤變成了印象，當記憶印象太深時要去除是很難的，所以「真理」要聽、要看且要用自己的心來感受。

我們要用赤子之心，因為赤子之心它不失真、不失假，對任何的事不會去評估，會用純真與虔誠的心來面對，小孩的心沒有對與錯，只有誠懇，就如父母打小時並將小孩推開，可是小孩並不因為被打、被推開而生怨恨，相反的會去抱住父母親要與父母在一起，所以我們也要有這樣的心態，要與「道母」在一起，抱著「道」守其母，我們仍要回歸於道母。老師常說：「修道是一輩子的事，不要急於一時，要把根紮穩，慢慢地把『道』修持好、將『德性』

培養好，不能走捷徑，雖然是慢，但不能掉以輕心，既得其母，以知其子，要復守其母。」修道想要走捷徑時將會想東想西，人性則會升起，因而產生一些小法，誤認小法為真理、真法，誤入歧途，偏離大道，很容易就會被消滅，因為經不起考驗。《禮記・中庸》裡有此一段：「君子之道，辟如行遠必自邇，辟如登高必自卑。詩曰：『妻子好合，如鼓瑟琴；兄弟既翕，和樂且耽；宜爾室家，樂爾妻帑。』子曰：『父母其順矣乎！』」要實踐君子所持守的正道，就如同遠行，一定要從眼前最近的一步開始，就如同要攀登高處，須從平地開始。詩經上說：「與妻子恩愛融洽，有如同彈奏琴瑟一般和諧；兄弟手足相親，和樂更是長久。家人相處得宜，妻小也都歡樂。」孔子說：「如此一來，父母也會安樂了。」

我們要一步一步地走，心才不會亂，心亂則容易走火入魔，基礎如沒打好，本身怎麼做都沒用，也成就不了，所以心不能急，將心定下來，千里之行是要從現在開始走，才能有千里。好高騖遠者註定會失敗，沒有從立足點開始，根基不穩，只照著自己所想的去做，必定無法成道，所以還是要一步一腳印用心的學習「道」方能成功。

點燃明燈

學修是一刻都不能停的，天時是不會等人的，要隨時隨地警惕自己，一旦心思鬆懈下來，學修的心便會減弱，修為的進度也會停止，人的時間只不過百年，扣除睡覺、做事的時間，花在專心修為的時間少之又少，時間是有限的，其實學修是無時無刻的，因為在生活中的人事物皆是學習的對象，人事物都有它的作用，值得我們學習，所以要把握時間用心觀察與學習。

人的欲望想在心裡面稱為「念頭」，當念頭升起時牽動身體內五臟六腑的五行，內五行開始運轉，同時我們的念力會反應於宇宙之中的舍利子，而舍利子與宇宙的五行之氣相通結合，再由日月運作，好的念頭便成就好事，不好的念頭則成就壞事，人的念頭是在一念之間。我們要培養好的念頭，因為好念頭能夠通天徹地與外五行之氣相呼應，人的內五行無法與外在五行相通時，體內的物質會滅亡，我們的生命也會滅亡。人的欲望要減弱，但不可能沒有欲望，為了生活、家庭與事業，還是會有「好還要更好」的念頭，時代在進步也要能跟得上時代的腳步，只是不要為了要更好，將欲望放在不好的地方，想法因而走偏做了犯法的事情或是將意念導向另外一個方向去，這樣就不好，所以得減弱一些不必要的欲望。

《莊子．山木》篇中有則寓言寫到：「夫豐狐文豹，棲於山林，伏於巖穴，靜也；夜行晝居，戒也；雖饑渴隱約，猶且胥疏於江湖之上而求食焉，定也。然且不免於罔羅機辟之患，是何罪之有哉？其皮為之災也。」皮毛豐美的狐狸和身上有文采的豹子，住在深山老林，藏在洞穴，這是靜心；夜裡外出，白天衹登在洞裡，這是警戒；雖然食物缺乏、飢渴，可是仍遠行到江河無人的地方去覓食，這是求安定。然而狐狸和豹子最終還是不能免於捕獸的羅網和機關的災害，這兩種動物有什麼罪過呢？是牠們自身的皮毛帶給牠們的災禍。

當我們有所成就時不要顯示於人，不要學會了三兩下的功夫，就認為自己道行很高很厲害，我們要如稻穗般飽滿時則要會低垂，要「內斂培德」，由內在散發出德性的光芒，如同電燈泡的鎢絲沒有燈罩包圍住，是無法放出光明的。我們的「內斂培德」就像燈罩，內在才能散發出德性的光明，修道、學道不是要示人，而是要修練自己，以內德散發出的氣質示人才是真功夫。

至誠之道

老師期望大家能夠崇尚自然，在自然當中找尋「道」的蹤跡。自然界中，飄忽不定的風不會持續一整天，暴風雨也不會從早下到晚，都是時有時無並是一陣陣的出現，這是存乎於天地間的現象，天地間一切的物類總有一天會毀滅，況且我們人是那麼的渺小。

因此如要與天地同在，就得開始從道、修道，讓本身的自性離開天地，回歸於混元，一開始各自從事修道，同道者所修持的道是一樣的；修道時要有德性並將恩澤披於眾生，也會與有德性的人聚集在一起佈施恩德；也不能失去能夠與你講經論道的道伴。我們要與老子先天大道的修道者一起修道、修德，也一起得道、佈德，行此道的同時也可認識其他道侶，互相糾正、扶持、依靠、成長，並可用此道的德性來渡化其他眾生，將良好的德性顯於外，再渡化更多的人成為道伴，一起回歸於本位。

《禮記．中庸》：「唯天下至誠，為能經綸天下之大經；立天下之大本，知天地之化育。夫焉有所倚？肫肫其仁！淵淵其淵！浩浩其天。苟不固聰明聖知，達天德者，其孰能知之？」只有全天下最真誠的人，才能夠處理國家大事、經營籌劃各種制度，建立行為規範，確立天下人道、人性的本源，並了解天地的造化及養育方式。他哪有什麼外在的倚靠呢？他表現仁德，以誠懇真摯的態度與人相處，以無比深刻的修養保持寧靜，心胸廣闊如同那無邊無際的天，如果不是具有崇高的品德智慧，且德性達到能與天匹配水準的人，又有誰能明白這道德呢？

道是自然，有飄風驟雨，就像我們渡化眾生，曲則全，讓迷失的人成為有德性的人，將德由內而外展現，回歸於先天，眾生也不會對你所說的道產生懷疑，且會親近你並跟隨你。我們要取得與天地自然奧妙的方法，利用我們的智慧、神識與自然界的神契合。

功成事遂

不知道有太上時，只知食睡與工作來滿足物質生活中的六識，知曉太上（道）之後，就開始修持並親近道，將之視為靈性的母親，會聽正道、了解道、學習道、讚嘆道的偉大。不明白事理、沒有親近道，就會產生敬畏與害怕而遠離道，當自性蒙塵，來到世間一切的壞習慣大過佛性時，就會毀謗、侮辱、輕視道，無法回到虛空境界，因此對於「道」的信心不足夠也不相信道時，就無法學習「道」生性懷疑的人卻反而認為道非常好，因此他所稱讚道的好就十足珍貴，修道圓滿而得道回虛空境界復命，即知曉「道」是自然之法，也來自於自然。

《莊子．讓王》篇：「曾子居衛，縕袍無表，顏色腫噲，手足胼胝。三日不舉火，十年不製衣，正冠而纓絕，捉衿而肘見，納屨而踵決。曳縰而歌商頌，聲滿天地，若出金石。天子不得臣，諸侯不得友。故養志者忘形，養形者忘利，致道者忘心矣。」曾子住在衛國，麻布的袍服，沒有表裡，面色浮腫，手足生繭。三天沒有炊火煮飯，十年沒有縫製衣裳，扶一扶帽子帽帶就會斷，提一提衣襟手臂就露出來，一穿鞋，鞋後跟就裂開，他還拖著破鞋歌吟「商頌」，聲音充滿天地，就像用金屬和石料做成的樂器發出的聲響，天子不能請他做臣子，諸侯不能和他交朋友。所以，修養心志的人能夠忘卻形骸，調養身形的人能夠忘卻利祿，養道的人無心於得失。「聖人」是成道者，是無私、無我的人；聖人是以眾生為出發點，而我們眾生是以自己為出發點。以近取諸身的屬性來說，腦為君主為乾，腹為坤，腳為震，雙臂為艮，目為離，耳朵為坎，口為兌。「腹」是坤，指大地為順，大地能納百川，能納一切的眾生，然後創造生命，讓地生生不息。所以聖人要知道生生不息、創造生命，要創造物質以外的另一個生命—我們的「自性」，而自性要能放之於彌六合與乾坤六子（坎離震巽兌艮）相合，這六卦都在自然界之中，也在我們的旁邊，我們要將自己合於自然界，放之於自然，收合自然界的靈子能量。歷史上最「功成事遂」的便是堯舜禹這三位皇帝，因為堯舜禹懂得讓賢，傳承於賢能的人，後來被百姓敬封為「三界公」。我們修道、培德也要跟堯舜禹一樣，要有賢能，做到不居功、不居位而能傳賢能之人，這樣才不會有人事之爭，因為人事之爭會產生不好聽的言語攻擊，也會違反良心與事實，因此而畏之，對修道失去信心，所以我們要認識賢能的人，向他們學習。

自強不息

我所講的話很簡單而且易行，不要胡思亂想，目標就在正前方，只要直直走就可以了，這是老子所講，如果經文中有其他的意思，都是後世的人研讀老子《道德經》文之後的體悟，所加進來的，而這些體悟會引導你產生錯誤、錯覺，其實老子所講的話真的很簡單，《道德經》五千言，每一句話皆各有所屬，看似分開卻是環環相扣連結在一起。修道人要知道虛空的境界，要懂得天文地理，可是現在的修道者皆不知道天文地理及醫學，以前的修道者都要知道天文地理、醫學及武術，因為以前的修道者是要獨自入山修行的，不懂得天文地理、醫學、武功，根本無法保護自己，所以修道者要了解修行的方式、要知天文地理，如果不知道修行，不知道天文地理，便不知道我（老子）。

老子《道德經》是明傳「道」也是講「德」，有道就有德、有德就有道，但是《道德經》之中暗藏著「玄」，經文看似簡單，卻藏著玄機。老師有說過「知識加上常識等於智慧」，常識是永恆不變的道理，我們要知天理，明白「道」是怎麼運行的？日月是怎麼形成的？要合乎於道，你要將自己整理好、佈署好，再用智慧辨真偽，須知哪一條是正道，哪一條是你該走的，要用智慧了解大道、辨別真假，非正道則無法讓我們回歸到本位，所以明辨是非與真偽是很重要的，不然就會枉費我們這一世成為人，下一世還不見得可以成為人，人身難得可貴，因為人有頭腦可以思考會產生智慧，所以我們要認清什麼是「正道」什麼是旁門走道，我們要的是正道。經文中暗藏「玄」的意味，明傳道德，暗藏玄，怎麼看也看不出來，如果對於《易經》及老子的思維沒有深入了解的話，根本不知道是講什麼，只能照著字面上來解釋，無法得知暗藏的「玄外之音」。老子《道德經》是運用道理暗藏玄機，在講「體」與「用」，講元神的內息法如何配合宇宙（道）的消息以及大地的消息而運作，其他的經典只是在講「內息」，講元神如何提升及消耗而已，並沒辦法做到外援。

老師目前所讓你們學習的小周天運行是屬於內息，內息一定要先學會，內息學會了便能「君子以自強不息」，當你是一個君子，有德者時，才能夠得到道法，得到道法之後要「自強不息」，再經過很長的時間運作之後，才能夠配天合地，得到天地的外援，這些皆是老師所要教的，而目前你們所學只是剛開始而已。老師常說學道、修道是一輩子的事，不能急於一時，修道是時時刻刻的，二六始終，二十四小時配合二十四節氣，二十四節脊椎配合十二對神經、十二經絡，所以先學習內息，將自己的元神提升起來，身體細胞活絡、氣血暢通，才能夠「益生曰祥」。

天行健

我們修道、學道就是為了要探討宇宙及這個世界，在一個國家中皆會設有天文部門探索宇宙的奧祕以及了解所有星球的運作、運轉，也包括氣候與人文的了解，宇宙與一切的萬物是息息相關，所以宇宙對我們來說是非常重要。

天不言、地不語，宇宙沒有言語；「子開天，丑闢地，寅生人」宇宙形成有天地時尚沒有人的出現，當環境運作穩定適合人生存時，才有人的出現，寅生人，子到寅是要經過很長的時間，人的靈性是來自於宇宙，星球在宇宙中繞著軌道運行，並沒有名字，因此我們不知道宇宙叫什麼名字，只能將星球循規蹈矩運行的行為，勉強稱為「道」。天地日月皆在道中，先有道才有乾坤日月、宇宙，道是很自然的東西，誰也不知道是怎麼發生的，也沒辦法去追究。

道在宇宙開始尚未有人出現時是無名，人還沒出生是在道中，也是沒有名字的，這時候的宇宙只有存在「能」跟「質」，當宇宙乾坤一破，墮落於坎離當中，靈與質的結合產生了人，有人之後則有神化，神化來自於宇宙的奧祕，神化再產生文化，有了文化才有名字的開始。宇宙是乾坤陰陽，亦是太極，太極轉動而生萬物。《易經》八卦中乾為父卦、坤為母卦，乾坤交媾產生六卦「坎、離、震、兌、艮、巽」合起來成為「八卦」。人的自性與質（肉體）結合後，落在日月坎離之中，亦是落在六卦當中，在有相界中雷為震卦、山為艮卦、風為巽卦、月為坎卦為水、日為離卦為火、澤為兌卦，這是六卦的屬性，是形而下看得到的自然界，這時候人已經產生了，才能將自然界的相產生八卦。

在形而下，性與命是同時存在的，如兩者無法同時存在時是會毀滅的，有靈沒有形骸成不了事，因為無法獲取能量，有形骸沒有自性亦無法推動能量，因為能量是給我們的靈所用，我們的質是吸收物質的能量，人的能量來源有兩種，一個是太陽的能量；一個是攝取食物的熱量，這兩種能量要結合為一，因為人是由靈（自性）與質（形骸）所結合，需要吸收這兩種不同的能量。「天行健，君子以自強不息」，「健」是剛的意思，屬於陽，天體是逆著運轉，地球是順著在運行，「天行健」表示宇宙是不斷地在運轉，不會停止，只有人的生命才會停止，人的形骸會毀滅，天以下的物質皆會毀滅，但是我們的「靈」不滅，不過如果人沒有修為的話靈還是會滅亡的，所以我們要吸收天地之間的能量，讓靈性返回本位，「靈」才不會滅亡。

夫唯不厭　是以不厭

地球的軸心是傾斜二十三度半，因此在不同的環境產生了不同的氣候變化，人的求生意志很強，為了適應環境、附和環境，人的基因便會因環境而改變，環境中會有當地的氣候因素及陰陽之炁，人體中也要炁，因此環境會改變我們身體的五行。

「民不畏威」我們人是不會畏懼自然氣候、環境與人文，即便受了威脅，人還是會去適應並且找出存活之路，如同我們看到馬路縫隙冒出的小草，或是沙漠玫瑰這類的植物，能在不好的環境中找出生路，當環境已經不適合時，便會開花結種子繁衍下一代，讓生命能夠延續下去。人也是一樣，在不好的環境中，生命受到威脅時，則會設法產生另外一個「你」，物極必反，陰極而陽生，人的生命是有限的「出生、成長、老去、死亡」這是順勢成人的過程，然後成為靈魂再次的輪迴。而逆勢成仙則是修道者並不會受到生命期限的威脅，能夠延年益壽、返老返童，這是修道的好處。

人的生命只有短短百年而已，要在短短的百年之後再延續延長生命，則要靠修道學習自然、合乎自然，攝取自然界的一切來用。「自性」是在我們狹小的身體裡面，被有形的肉體困住了，自性離開我們的肉體便產生另外一個你，我們「修道」為了就是自性能離開我們的肉體，能來去自如進到虛空境界之中，想要產生另外一個自己，則要能夠聚氣凝神，這樣我們的自性就能來去自如，不會受限於狹小的肉體中。

《莊子．達生》篇中：「工倕旋而蓋規矩，指與物化而不以心稽，故其靈臺一而不桎。忘足，屨之適也；忘要，帶之適也；知忘是非，心之適也；不內變，不外從，事會之適也。始乎適而未嘗不適者，忘適之適也。」工倕用手旋轉而技藝超過用規矩畫出來的，手指和所用的物象凝合為一，而不必用心思來計量，所以他的心靈自然純一而不受阻塞。忘了腳足，鞋子無論大小無感於不適；忘了腰，帶子無論長短無感於不適，忘了是非，是心靈的安適；內心不移，外不從物，處境就安適了。本性常適而無往不適的，便是忘了安適的安適。

玄學的《道德經》注重的是「靈」跟「能」，很少提到「質」，並沒有教我們如何獲取物質，玄學所教導的是無形、無聲、無味，因為「形而上」本來就是無形、無聲、無色、無相的能量，人的自性也是無形無相，自性布滿整個人體，所以我們要攝取形而上的能量，要能無離乎，隨時隨地、時時刻刻都不能離開「能」，要用智慧攝取，再用虛空境界的智慧生活，凡事都離不開虛空境界的智慧、能量。

上天創造了我們也創造了一切，創造有形同時也創造無形，有形與無形是相對的。伏羲氏相信一切的「有」來自於「無」，所以我們要從「有」回到「無」，天下的物類皆會毀滅，因為我們在日月當中，有日月便有消長，有消長便有歲月，生生不息、新陳代謝，長江後浪推前浪，一代新人換舊人，我們要尋找另一個生命的起點與延續，對於無知的生命要能明白了解。修道者不能滿足於目前修為的現況，必須每天都要精進，不能離開修道，一旦滿足於現況而離開，便會不進則退，永遠停留在原點，時間是不會等人的，不要因為滿足而怠惰了。

以道佐人主者

「以道佐人主者」是以天時地利輔佐，跟著自然的定律走，不能違背自然否則將會滅亡，如同星球沒有遵循道而運行，離開軌道就會滅亡成為流星，因此人要依照上天的「德」來培德、行德並輔導人行德，再回歸於上天德性，德在天為道，道在地為德，天地厚德載物，所謂的「培德」是要培養上天自然能源的力量，即是要培養厚德載物的德性，老師很注重「培德」。

培德有兩種功能，第一個是以一人之功利益於眾生，即所謂的「功德」，第二個是以眾生之利來利益於眾生，是為「公德」，功德與公德是要並行的，各位此階段首先要以一人之功來利益於眾生是我們目前所要學習的，即是「以道佐人」。我們一定要符合天時地利，這是所謂的「元亨利貞」，《易經》的第一卦是「元亨利貞」即是通天的意思，元是乾卦，亨是亨通的意思，利是利益於眾生，貞是堅定順從；堅定順天是「元亨利貞」初步的解釋，我們行德也是行道，培德也是培道，「道德」是必須去力行的。

「心想事成」是人人喜愛的一件事，因為人是有思想的動物，有了思想就會有欲望，有了欲望就會因為要滿足欲望而四處奔波，得在現今的社會中生活、謀職打拼，為使自己與家人能過更好的生活，不得不向環境低頭，處處須順著別人的意思走，甚至失去了自我。然而「心想事成」是絕不會平白無故從天降下來的，須靠自己腳踏實地的努力，如果沒有腳踏實地的去努力，將很容易沉淪在自己虛構的世界中而不自知，在不切實際的空想中是件非常危險的事。要「心想事成」就必須要透過修持的功夫才能達成，要有修道的心性法門，有了「心法」就有內力，即所謂的道行，但有道行也得有德性才行，以「德性」做為基礎才不會犯錯造因。

所以人的思想、欲念都要先以「德」為基礎，這樣才不會有「因果」，因果就是因緣果報，意即現前受的是果，現在所造的是因，「因中有果，果中有因」。如果本身上有行仁義之師的話，這些因果業力即會自然消除，但如沒行仁義，則此因果業力將會隨身，所以唯有「培德、修道」才能斷因果，成道之後也將與眾生無「因」就不必再世輪迴來圓滿這個果，如此才能享受極樂世界的自在。

各司其職

一個月有三十天，三十天當中分為上旬、中旬、下旬三階段，「旬」是循環的意思，中國人的曆法有陰曆與陽曆，從古代到現在皆是陰陽曆共用的，冬至、夏至這些二十四節氣是用陽曆，以太陽為主。三十輻共一轂是上旬、中旬、下旬之意，以月亮的月圓月缺當作計算方式，稱為「農曆」，而《易經》八卦則是以太陽為主，稱為「陽曆」，在很久以前，我們的曆法就已經非常的準確。

三十輻共一轂，當其無有車之用；這是古代的車輪當作一個比喻，一個車輪裡面有三十根的輻軸，比喻為「小周天」與「大周天」，小周天是指車輪的軸心，外圈的車輪是大周天，人即是「小周天」，要合乎於大環境，大環境便是「大周天」，小周天與大周天是生生不息，彼此是連貫的，無法分開。三十輻亦是三十天，一個月有三十天，上半月稱為「朔」，下半月為「望」，朔望則是「陰陽」的意思，上半月為陽，下半月為陰，一天二十四小時也有分陰陽，半夜十二點是陽的開始，到中午十二點陽已盡了，則是陰的開始，三十輻所反應出來的是每一天有陰陽，每一個月也有陰陽，人也有陰陽、有五行，小周天運轉要合乎於大周天，人一定要合乎於陰陽，合乎於宇宙自然，所以用三十輻共一轂，當其無有車之用作比喻，我們就像一車輪一樣。

《莊子．齊物論》：「以指喻指之非指，不若以非指喻指之非指也，以馬喻馬之非馬，不若以非馬喻馬之非馬也。天地一指也，萬物一馬也。」以大拇指來說明它不能代表全體拇指，不如再舉出其他的食指、中指、無名指、小指等來說明每一根個別的手指頭只是整體手指頭的一部分而已來得容易了解。同理，以白色的馬來說明它不能代表全部的馬，若再舉出還有其他如黑色馬、棕色馬、斑馬……等馬來說明個別絕不等於全體的概念來得容易了解些。由此可知，若以根源（道）的角度來看，天地萬物均是「道」所化，萬法歸一。

在形而下的世界中，每一個質都有能量，但是並不一定有靈性存在，只有人、動物有靈能質，人有質有靈，才能攝取這些能量，人是靈性最高等的動物，因為我們有「智慧」能夠「言語」且是「頭頂天腳立地」，這是人的三大特性。

如果知道利用萬質萬物的能量、懂得攝取自然界的能量，便是「以為利」，如果沒辦法攝取自然界的能量，只知吃睡等待死亡，以死亡為目標則是「以為用」，這兩者是有區別的。「以為利」是說人出生到死亡之後如何延續生命，在自然界中如何延續生命，這才是我們的目標。天下一切的物類都有其能量，要用我們的智慧攝取，物類的生態也要用智慧觀察，才能夠延長我的的靈、能、質，這是非常重要的。

善用人者為天下

人不能有執著，因為執著會因小失大，能掌握在手中是有限的，不要因為這有限的東西而失去更多。修道者修持到一個層次變成有力量之時，不要用自身的力量侵犯別人，或是做不利益眾生的事，如果自認為自己修行的道行很厲害，就想與人鬥法，當在想與人比較修行法力時，則是讓你的人性領導了自性，人性即是魔性，已墮入魔性中。修道如是走在正道上，根本就不會用本身修行的道行與別人鬥法或是與別人相爭，修道是為了要回歸自然，不是用來鬥法展現力量的。因此我們修持到一個程度時千萬不要與人比較，擁有了道行則須沉著。

修道者的身心須保持平衡，不要常動怒，本身修道修得好的話，性與情便能夠平衡，木代表我們的性，金代表我們的情，木有木液，即是所謂的「汗青」，汗青如同松果體分泌的荷爾蒙，松果體的分泌能夠帶動自性，再帶動身體的五臟六腑，這是連貫性的作用，當本身的內分泌平衡時，身心也就會平衡不易動怒，所以我們要保持心情的平衡，修到不動怒的境界。如果常常生氣動怒，則會產生壞細胞變成毒素而影響好的細胞，造成身體不健康，但是當眼睛看到一些事情不合乎你的情境時，心裡便會生氣，要不動怒是很難的事，眼睛為目是靈魂之窗，靈魂則是我們的自性，也是精神，我們的起心動念皆由眼睛開始，因此我們時常要將眼睛收視回來，減少起心動念的機會，自然能保持心情的平衡。

「眼睛是靈魂之窗」眼睛為目，屬於八卦的離卦，離卦為日屬於陽，屬於南方，日光照射下來有七彩的顏色，眼睛才能夠看到這個世界繽紛的五顏六色，人使用最多的器官便是眼睛，再來就是頭腦，我們的眼睛通往神識為靈魂之窗，當眼睛看到時，色受想行識五蘊、七情六慾便會產生，所以眼睛非常的重要。修道者不要像旁門左道一樣好爭好鬥，道是自然的也是眾生的，不需要鬥得你死我活、互相攻擊，如果墮入鬥爭之中，便不是在修道了，再怎麼厲害還是跳脫不了人世間，但是卻不知道從此刻開始則是自己的自性與靈魂分判點，修道者好爭鬥是會造因果的，不管有多大的修為，到最後還是會墮落成為靈魂繼續輪迴，而自性無法回歸本位，枉費了自己的努力。修道者要有道侶、道伴，各位的同學便是道侶、道伴，不對時，彼此在合乎道德之下能互相提醒與告知，以好的方向彼此互相提攜，不懂的地方要不恥下問，向別人學習好的，道侶、道伴是修道路途中所需要的。

樂推而不厭

兩山中間的河川為谷，地球裡面所有的水最後皆將匯入於江海之中，水在地為陰，變為水蒸氣在空中為陽，所以說江海是陰陽輪迴的地方。「雲旨」即是「陰陽」的旨意，就像海因能納百川而稱為王，但是你要稱為王就須用尚好的德性來施惠於你的百姓，有道德的人是要用好的言教來教育子民，自己的言談舉止須做為人民的好榜樣。有德性的人，處上位者是要以民為重、以道德為基礎，如你的行為有所偏差的話，則你的人民將會深受其害。身教與言教是非常重要的，如你身為君王實施仁政，以道德教育人民並推廣於天下，就像江海一樣可以容納許多的意見與事情，別的國家就不會前來侵略，則天下太平。

《禮記．大學》篇：「古之欲明明德於天下者，先治其國。欲治其國者，先齊其家。欲齊其家者，先脩其身。欲脩其身者，先正其心。欲正其心者，先誠其意。欲誠其意者，先致其知。致知在格物。」古時候如果想要使天下所有人都能修明自己清明的德性，就得先治理好自己的國家，想要治理好國家就須先整治家庭或家族，讓家中的成員們能和睦相處，要使家裡和睦相處就得先修養自己的品德；要修養自己的品德則須先使自己的心安定下來，要安定自己的心思就須先真誠的面對自己的意念，要真誠的面對意念就須先提高自己的善知識與明辨外物與我的關係。

「江海」是指我們的氣海穴，修練者最注重形而下的功夫，自性成為人的靈魂時即是形而下，我們身體中無形的主人便是靈魂，所有的思緒、身體機能以及氣血的推動皆是由靈魂在主導，沒有修持功夫的人是不會刻意知道身體的一些重要器官與部位。如能利用上天形而上的能量，再利用血管將精氣神送到氣海中即能成為一個成道者，這是形而下的功夫。

成道者要向下布道，將道散發出去渡化眾生，以道將民智打開，開啟眾生的智慧，讓眾生能夠知道修道、培德，引領走向正道，亦是以天下樂推而不厭，讓國家能夠和樂融融，所帶領的眾生沒墮入於旁門左道，皆走在正道中使民智開啟並能回歸於本位。

生命的可貴

伏羲氏創立八卦時，他相信一切的「有」來自於「無」，目前所有的一切皆自於「無」，「無」即是「宇宙」，亦是虛空境界，天下一切的物類都來自於虛空境界。一生二、二生三、三生萬物，陰陽交合產生了萬物，所以天下有形的物類皆是非純陰純陽，「天下萬物生於有」當中的「有」是指「質」，所有有形的物類即是「質」都是生於有，人的肉體、動物、植物、礦物都是「質」。我們的「靈性」是虛空境界中五行靈子的精華，生於「無」，靈子結合了我們的肉體帶動身體的神經系統，靈合於質再接受上天的能量，靈能質合起來才能夠成為動物，而人是最高級的動物。

人在早晨醒來時即會有念頭的產生，開始阻礙宇宙能量，人在一天二十四小時當中只有沈睡時才能夠補進能量，我們在沈睡時是一個「弱者」，此時是在補充白天所消耗的能量，也在延續我們的生命，但是沈睡時補充進來的能量是很有限的。「弱者」亦是「靜」的意思，能量會產生智慧，所以人越靜智慧越高，智慧越高欲望就會越少，但是我們一動念便會將宇宙的能量阻擋住。

天行健君子自強不息，健為「乾」，宇宙的運作即是「乾」，人的肉體是順生，地球創造的生命屬於陰，吸收宇宙陽剛之氣進入到人體，這是「陽息陰」，而陰在動時則是「陰消陽」陽氣會被阻礙並消耗我們自身的陽氣，所以我們要成為弱者靜下來，讓宇宙能量進到身體補充我們所需的能量，前面有提到人需要的能量有兩種，一為食物的熱量，一為外來宇宙能量（陽剛之氣），陽剛之氣可以讓我們的細胞活絡起來。我們要利用靜坐的「靜」把所有的念頭斷念掉，讓自然界的能源、能量補充進來，但是當我們靜下來時，內在的念頭依然是動個不停，所以老師有說過要「收視返聽」，保持靜，去除意念，念頭越少智慧則越高，因為虛空境界的智慧會補充給我們的智慧，並不會因為沒有念頭、欲望就沒有了衝力與智慧，像以前的高僧、聖人先賢皆有很高的智慧，因為他們會找時間「靜」下來吸收宇宙能源、能量轉換成智慧，可見「靜」是很重要的。

《莊子．達生》篇中：「達生之情者，不務生之所無以為；達命之情者，不務命之所無奈何。養形必先之以物，物有餘而形不養者有之矣；有生必先無離形，形不離而生亡者有之矣。生之來不能卻，其去不能止。悲夫！世之人以為養形足以存生，而養形果不足以存生，則世奚足為哉！雖不足為而不可不為者，其為不免矣！」大意為：「通達生的真義的，不強求生所不可求的事物；通達命運真諦的，不強求命運所無可奈何的事。養身必先賴於物質，物質用之不盡，而形體必有衰亡的一天；保有生命必先不使脫離形體，可是有的人形體在而生命卻已亡失了。生命的來臨不能拒絕，生命的離去亦無法阻擋。可悲！世人以為保養形體便是保存生命；然而保存形體果真不足以保存生命，那麼世間的事還有什麼值得去做的呢？雖然不值得做，卻不可不去做，這樣去做便不免於累了。」

人為了生活、家庭、事業及一切的總總，日出而作、日落而息，不斷地在消耗生命，卻沒辦法讓自己的肉體及靈性用道，反被道所用。「道」是自然界的運作，我們要運用自然的能量來補充自己，人要生存要延年益壽，一定要有食物的熱量與宇宙的能量，所以我們除了依循自然的運作之外也要知道攝取自然的能量。

認清正道　專一培德

《易經》是鋪天蓋地，自然界的一切都包括在內，所講的是自然界現象與能量。我們要透過《易經》來了解天文地理及自然現象，學習運用自然能量調節身體的五臟六腑，讓內五行能夠相生，細胞能新陳代謝、生生不息。

孔子有講過能夠得半部《易經》，便能治理天下，這是在人事的治理，所謂的半部是指有上下部的分別，下半部是屬於形而下的部分，在於人事部分的治理，上半部則屬於形而上，用於「自性」的修持，修道者要用上半部的易，我們要用自然界、宇宙中日月星辰的現象來配合身體的能量運作。自性的功夫要用我們有形的肉體去力行，肉體與自性合而為一行事於無形界的智慧。當肉體與靈體合而為一時，要去取得虛空境界的智慧。

人世間是苦海，我們因為前世的因果業力，自性才會到人世間成為一個人來歷練。人在苦海中歷練難免會有怨氣產生，但是我們不要怨天尤人，既然我們已經成為人，這是上天給予我們的機會與恩德，讓我們來到人世間修道、培德，完成自身的功課後，便能夠回到我們的來處，所以既來之則安之，我們要把心沈靜下來，再遵循著自然之道修持。

《禮記・中庸》：「至誠之道，可以前知。國家將興，必有禎祥；國家將亡，必有妖孽；

見乎蓍龜，動乎四體。禍福將至，善，必先知之；不善，必先知之。故至誠如神。」真誠的最高境界，是可以預知未來。國家將要興盛時，必定會有祥瑞的徵兆出現。國家將要滅亡時，會有怪異不祥的事物出現。透過卜筮和龜甲可以看見，觀察行為舉止的變化也可察知。災禍或幸福將要來臨時，不論好壞，都會預先知道。所以真誠達到最高境界的人，簡直就像神靈一般微妙，難以形容。

《易經》是天文地理的卦象，自然界的事是人無法辦到的，即是天下難事，只有「道」才能辦到。但是我們要取到這些自然界的能量，則要遵循著《易經》來了解天文地理。《易經》分有神農氏的連山易、黃帝的歸藏易、伏羲氏的伏羲易，我們雲旨玄學所學習的是伏羲易，修道只要了解一個《易經》就足夠了，不要東學學、西學學，學習太多會造成自身的困擾，產生迷惑，所以只要緊拉著雲旨玄學這條金線，依循著「正道」走就好。聖人畢生是以修德、培德為主，專一培養自己的德性，所以我們修持只要專一用心學習一項就好。

落實培德、行德

擁有上好的德行，就不會做出不道德的事，內修自性、外修德性（學習上天的德）如果沒辦法修習上德的話，只能在行為上不失去規範、不失去德行，沒有自性修持的功夫，就無法從內心自性散發出「德行」。聖人無為而為，不會有所目的而去做事，也不會估量行為有多少的回報。下德是計量所得利益才去行為，有利益而為之，稍微有德性的人，做好事不會考量回報，有道德的人就有義，也就有正正當當的形為。

天之道為陰陽，地之道為剛柔，人之道為仁義，仁即是「德性」，人一定要履行德性的義務，實行仁、義、禮、智、信。「信」在中間，用虛空境界的智慧帶動仁、義、禮、智、信，回歸到元亨利貞，「乾」在中間，乾亦是「天行健」為剛，以乾運轉，人要以仁義禮智信為根本來修道、學道，並實實在在去實踐。

《禮記．中庸》篇中此段：「天下之達道五，所以行之者三。曰：君臣也，父子也、夫婦也、昆弟也、朋友之交也。五者，天下之達道也。知、仁、勇三者，天下之達德也，所以行之者，一也。」天下共同遵循的道路有五條，而實行時所具有的德行有三種。五條路說的是：「君臣關係、父子關係、夫婦關係、兄弟關係、朋友關係。」這五條路是天下的人都要遵循的，知、仁、勇也是天下人實行五達道時所具有的德性，這三種德性都要本著真誠的原則去實踐。

培德、行德很重要，行德亦是行仁義，人曰仁義，仁義禮智信是非常的重要，如果這些全消失，則會亂了朝綱，沒有了法律，也沒有了德性，那五蘊就會產生，殺盜淫妄賊皆會出現，便會成為禍亂之源。仁義禮智信要從「心」開始做起，心存善念便會有善良的面相，相由心生，一切從心開始，所以我們要培德、行德，要行仁義禮智信。

回歸正道

夏至是陽極而陰生，陰極而陽生則是冬至，夏至過後，環境中的陽能開始在消退而陰能量漸長，未來的半年到十一月是陰進陽退。陽極而陰生、陰極而陽生，這是「年」的陰陽分判，也是地球能量的消長，陰陽消長產生新陳代謝、生生不息的作用，這是自然界的現象，人也要適應這自然的循環與其共同生存，日出日落，春夏秋冬的循環，一冷一熱、一陰一陽、一消一長，很自然地替換如同人的一呼一吸，地球、宇宙也在自然呼吸。我們要往宇宙的方向去，而不是著重眼前的，要瞭解身體的奧妙，也要了解宇宙的奧妙，即是要「近取諸身，遠取諸物」。「近取諸身」則是要培養自身的德性，在於人事物要有德性，自己也要了解與運用體內小周天。「遠取諸物」是要知道宇宙的運作，了解自然界的奧祕，一切從自身開始了解。「近取諸身」在於德，「遠取諸物」在於道，所以我們要用我們的德性、理性、智慧回歸於「道」。

《禮記．中庸》篇十三章：「子曰：『道不遠人，人之為道而遠人，不可以為道。《詩》云：「伐柯伐柯，其則不遠。」執柯以伐柯，睨而視之，猶以為遠。故君子以人治人，改而止。忠恕違道不遠，施諸己而不願，亦勿施於人。君子之道四，丘未能一焉。所求乎子以事父，未能也；所求乎臣以事君，未能也；所求乎弟以事兄，未能也；所求乎朋友先施之，未能也。庸德之行，庸言之謹；有所不足，不敢不勉；有餘不敢盡。言顧行，行顧言，君子胡不慥慥爾！』」孔子說：「道是不遠離人的，人如果從事於道而遠離人性，那就不叫做道。《詩經》上說：『砍伐樹枝，要砍怎樣的木頭，標準就在眼前。』手裡拿著斧柄砍伐樹枝，斜著眼睛看，兩者還有有一段距離。所以，有德者在治理、教化別人時，要順乎人性，因材施教，別人有錯能改就好。能做到盡心盡力的忠與推己及人的恕，就離道不遠了，凡是不願意別人對待自己的方式也不要用在對待別人的身上。君子之道有四方面，我一樣也沒做到，對於子女應當盡心侍奉父親的要求，我未做到；人臣應當盡心侍奉國君，我沒做到；弟弟應當盡心服事兄長的要求，我也沒做到；作為朋友理應先付出心血，我仍未做到。平常德性的實踐，平常言語的謹慎，做得不夠周到時，不敢不繼續努力；言語不敢毫無不顧忌放肆的說，所說的話要能兌現，行為要配得上言語，有德的人能夠言行一致，怎會不忠厚誠實呢？」

修道能夠讓我們心安，我們要有知識與智慧，要能瞭解自然界運作的原理與道理，才能夠知道我們走的是「正道」，因為合乎於自然，便能真正的安心。所以當我們近取諸身時，天下的物類我們要知道哪些可以用？哪些不可以用？用了之後我們才能安心。

聖人去甚、去奢、去泰

我們修道要實修實練，才會附合於天地、合乎於自然。伏羲氏畫八卦由乾坤開始，乾為父卦，坤為母卦，產生了六卦，合起來成為八純卦，八純卦是根據自然界一切的景象所畫下來的，因為以前沒有文字，只能用符號代表其意思。

「道」越修話就要越少，因為要聚集精氣神怕外漏，話多則傷精氣神，「精氣神」是我們人體的大丹藥，「精」屬於熱量，「氣」如同風（巽卦）一樣，將熱量推送到我們全身，我們的「神」可以得到陰陽能量，「精氣神」亦是「靈能質」。外在的能量要合乎我們體內的精氣神，才能夠自然結丹，但是前提是我們要少欲，因為起心動念時，氣就濁，且自性光也會一直放射，而太陽光也在放射，如此兩者則會互相抵消，所以修道修為要少欲、少言、少思想，才能守住自性光配合精氣神。雖然修為要少欲、少言、少思想，但是要在正常運作之下，為人父、為人夫、為人妻，皆要各盡本份，家庭的維護也是在大道、大德之下運作的，我們的一切都要合乎「道」合乎「德」合乎「自然」這樣我們的神與自然的神便能夠相通，欲望也會變少。

《禮記．大學》：「是故，君子有大道，必忠信以得之，驕泰失之。生財有大道，生之者眾，食之者寡，為之者疾，用之者舒，則財恆足矣。仁者以財發身，不仁者以身發財。未有上好仁，而下不好義者也；未有好義，其事不終者也；未有府庫財，非其財者也。

孟獻子曰：『蓄馬乘，不察於雞豚；伐冰之家，不蓄牛羊；百乘之家，不蓄聚斂之臣；與其有聚斂之臣，寧有盜臣。』此謂國不以利為利，以義為利也。長國家而務財用者，必自小人矣，彼為善之。小人之使為國家，菑害竝至，雖有善者，亦無如之何矣。此謂國不以利為利，以義為利也。」

因此成為君子有一根本的法則，一定要盡心做事、誠實不欺，才會走在大道上，若是行動驕縱、傲慢，則已失去君子之德，必招失敗。增加財富有一基本法則，生產的人多，消耗的人少；製作迅速，花費緩慢；那財富即覺充裕了。有仁德的人將財物散發出去，以求利人，提高自身修養，贏得民心。沒有仁德的人則不顧品德、修養，甚至還犧牲性命和名譽，只為了要增加財富。不會有在上位者喜歡仁德，而下面的人做事不合宜、胡作非為不講道理的情形產生，更不會有做事合宜而事情不能完成的事情，同樣也未有國家財庫的財物，不是國君應得，或是以不合理方式流出的情形。

孟獻子說：「國家不以利潤為利益，要將正道當做為利益所在，治理國家的人如果將重點放在聚斂財貨來充實國庫，必定是由下面的那些小人開始，因那是小人擅長做的事，讓小人治理國事，必會釀成天災人禍，這時即使有好人亦無法挽回，也就是說：『國家不應當將貨財當做真正的利益所在，而須將合於正道當做利益所在』的意思。」

一個修道者要培養「德性」才能夠反璞歸真，這個「德」包含很大、很多，四維八德、五倫都包括在內，並不是只有公德的「德」，我們要將修道的「德性」展現出來，才能夠回歸於本位，不然便會墮入「六道」當中再次的輪迴，既然成為人就要好好地修持。

放下牽絆

「聖人」是指懂得修道的有德者，「德」在天為道，「道」在人間為德，所以我們行德、培德，即是行道、培道，要合乎於自然。自然界是「天不語」、「地不言」，所以伏羲氏用符號畫八卦代表著自然界一切的相，這時候的「卦」只占不卜，看自然界的景象為「占」，無事不占卦，有事才占卦，伏羲氏的八卦是純八卦，沒有卦相。

純八卦之後再發明重卦八八六十四卦，三百八十四爻，這些代表著天地宇宙的運轉，有卜卦是在周文王編制周易之後，才有了卦相的解釋，與運用龜殼當作卜卦的工具，卜卦開始即是墮入後天事當中，由陰陽進入了卜卦，便開始定人的吉凶與大業，屬於後天易。純八卦與六十四卦中的自然界能量，是我們的靈與質所需要的能量，因此我們不能只注重命，有命沒有性也不行，有性沒有命也沒辦法，靈、能、質，這三樣東西是非常重要的。

在自然之中行事自然，取之於自然，用之於自然。我們要像大地一樣生生不息、新陳代謝，則需要天地之間的陰陽能量，讓細胞新陳代謝、生生不息，新的能量汰換舊的能量，將舊的能量排放出去，不要像一些小道或是小術法將能量囤積於體內，囤積久了便會生病，人一定要生生不息、新陳代謝才不會生病。宇宙也在消息之間，同樣生生不息，大地也在新陳代謝、生生不息，樹木、植物成長到一定的程度便會死亡，再換新的植物或樹木生長，而人也是天生地養，到了百歲時也會死亡，換新的一代來。

大地並沒有擁有我們，任由萬物自生自滅，如果我們要長生不死的話，便要靠著自然的定律而運作，靠著自然界的能量來新陳代謝、不生病，與天地同在，這樣才能與天地同壽，但是不要去擁有能量，或是說自己會有多少功夫，擁有什麼法，其實是沒有法。自然就是法，如果本身能夠運用自然，那就是上天所給予的恩賜。如果你想在人間留名、留利、留住一切的話，便沒辦法回歸到本位，因為你放不下這一切的名利，所以我們要學會「放下」，放下世間一切美好的事情與事物，因為這些美好的會牽動我們的心，因為放不下就會有所牽絆，亦是「包袱」牽絆著我們。就如有些人皆想等錢賺夠了或等有空閒時再來修道，還有想要追求美好，這些都不好，都是牽絆，會牽絆住修行、修道的路。我們要將心思放下來，不要一昧的追求，欲望是無止盡的，修道者不要去追求擁有，不然便會「是以不去」無法回歸於本位。

不如守中

天為陽為仁，地為陰為義，就是所謂「仁義」；天如果沒有遵循著道運作的話，萬物在天之下是沒有抵抗能力的，如果天要滅人，人是沒辦法勝天，人在天之下就像細菌一樣渺小。「仁」為道德，道在我們形而下所看到的世間（人世間）稱為「德」，德在宇宙稱為「道」，天地不仁，「不仁」的意思是說天沒有遵循著道的規範運作，沒有厚德載物的德性，所以當天地不仁時，那我們眾生就像芻狗（剛出生的小狗）一樣無生存能力，因為道母不仁無法保護萬物，但是母性是非常偉大的，祂不會不仁，道母還是會保護我們。

我們貴為食母，要吸取天地的能量，這些能量是道母給我們質所需要的能源，我們的肉體是質，所有萬物有形有相的都是質，有形有相非純陰純陽，但並非所有萬物都會有靈，只有人及動物才會有靈，人與動物有靈、能、質，父精母血結合產生了我們的質，降下靈性才成為人，人在滅亡之後，要塵歸塵、土歸土，也就是說靈性歸靈性，肉體歸肉體，肉體屬陰，不是火化就是埋葬，與大地融為一體成為肥料，但是靈性還是要歸回本位，因為只有能量會存在而已。

能量是宇宙給我們的，滋潤、滋養我們，讓我們借後天之體而修先天之性，讓我們的自性能夠歸回本位，歸回本位要靠的就是「能」，「能」就是「究」，可以供給我們的自性及肉體所需的能量，大地開始滋養，生長萬物，這是給我們肉體所需的能量，能量有兩種供給我們，一種是來自於「究」（陽能靈子），另一種則來自於萬物。

《禮記・中庸》第十二章：「君子之道費而隱。夫婦之愚，可以與知焉；及其至也，雖聖人亦有所不知焉；夫婦之不肖，可以能行焉；及其至也，雖聖人亦有所不能焉。天地之大也，人猶有所憾。故君子語大，天下莫能載焉；語小，天下莫能破焉。《詩》云：『鳶飛戾天，魚躍於淵。』言其上下察也。君子之道，造端乎夫婦；及其至也，察乎天地。」

君子的道既廣泛又精微。但是道理是抽象的，本體廣大而微妙，並非顯而易見。即使是沒知識的老百姓，也能懂得一些皮毛。但是說到最高境界，即使是有高智慧道德的聖人也有無法做到之處。即使是沒有才能的老百姓也可具體做到某一程度。但是到了最高境界，即使是具有最高智慧道德的聖人，也有做不到的地方，天地的造化之功，如此廣大，人還是有不滿意、感到遺憾的地方。所以有德者說到中庸之道的廣大時，連整個天地皆無法完全承載它，說到最精微處，天下沒有任何東西可以解析它。《詩經》上說：「老鷹高飛到天上，魚兒跳躍在深淵」這是說上至天邊，下至深淵，都能明察清楚。有德者的正道，就從一般夫婦相處開始實踐，而最遠可以上察於天，下察於地，無所不在。

「太極」叫做「中和」，陰陽對半的意思，不偏陽也不偏陰，陽靈子與陰靈子剛好中和各一半。講得那些道理不如守著中和、守著陰陽，但是守陰陽是要有功夫的，不是守株待兔，所以自己必須要努力。

執銜

以前最好的事就是修道，因為會有與眾不同的能力，而且可以延年益壽，最終能夠登堂入祀進廟，這是大家所要追求的，但是修道、學道需要有基本的條件，則是生活環境要無後顧之憂，三餐要能夠溫飽，這樣才能專注於修道，如果三餐有問題，一定會先顧及自己的生活，要為了生活及家庭奔波，這樣便無法專心於修道，所以要修道、學道如果家庭狀況能安穩是最好的。以前的人想要有所成就或想成為富有之人，必須要透過讀書考試才能夠達成，所以在以前是萬般皆下品，唯有讀書高，十年寒窗苦讀無人知，一舉成名天下知，可見當時的讀書人是高尚、有出息的。

先天大道是一個圓，是一真法界，包羅萬象，非常地寬廣，人在大道這個圓之中。人站在圓的上面，可以畫出點線面成為四方形，可是大道這個圓沒有辦法畫，因為人有思維才能計算畫點線面，所以人屬於方為矩，方屬陰，圓為規屬陽，「規矩」即是「陰陽」的意思，矩在規裡面，一個圓，點四個點畫成四方，先有圓才有四方形，所以先有先天形而上，才有後天形而下，形而下為順屬於坤，坤順著天，人在形而下生活，天為乾，所以乾在我們的左右，我們則是在乾坤陰陽之中。人因為有心思則產生欲望，人是形而上與形而下的結合，各佔一半，當你著重於形而下，形而上則會缺少，著重於形而上的話，形而下就會減少，這就要看自己是重於形而上亦是重於形而下？「道」是沒有人的欲望與私心的。

《莊子．胠篋》篇中有此一段：「故盜跖之徒問於跖曰：『盜亦有道乎？』跖曰：『何適而無有道邪？夫妄意室中之藏，聖也，入先，勇也，出後，義也，知可否，知也，分均，仁也。五者不備，而能成大盜者，天下未之有也。』」大意為：「盜跖（古來的大盜）的徒黨問盜跖道：『強盜也有道嗎？』盜跖道：『強盜何往而不是道。譬如，起意偷人家屋裡的什物，先推測裡面的虛實，全算個正著，這就是聖；先進去就是勇；後出來就是義；知道見機行事就是智；分贓平均就是仁。聖、勇、義、智、仁，五樣不完全，而能成功大盜，這是天下決沒有的事情。』」做事情方面我們要合乎於人道，在修道方面則要合乎於天道，這兩種模式一定要，不要只看眼前的利益，卻忘了玄德深矣、遠矣，我們一定要配天合地，合乎於真理、合乎於道。「玄德」是玄之又玄眾妙之門，即是「道」。

道者萬物之奧

「奧」是深秘不可窺見；道是萬物的來源，對我們而是非常地奧祕，所以會讓人想要窺視道、了解道，讓人窮極一生皆在研究「道」，我們修道者也是用一輩子在了解道的奧祕，希望能夠與道同在。人只不過百年身，最終還是會毀壞，可是道卻能夠永恆不變存在這麼久，所以每個人都希望能像道一樣長生永存，因而努力追求道的奧祕、依循著道走，就可知道的奧祕在哪裡。道的奧祕則是宇宙中存在的一切，我們要探索與了解宇宙一切的運作，自然就能知道「道」的奧祕。宇宙當中包括了紫微垣、天市垣、太微垣、二十八星宿、日、月、金、木、水、火、土星。《易經》中有十二辟卦消息，我們要遵循著自然、遵循著十二辟卦的運作。人有「精氣神」加上，地三寶「水火風」、天三寶「日月星」稱為「九源」，我們人的精氣神要與天地精神相往來，這是莊子思想，也是天人合一，與天地同在，與天地同壽。

《莊子．知北遊》篇：「天地有大美而不言，四時有明法而不議，萬物有成理而不說。聖人者，原天地之美而達萬物之理，是故至人無為，大聖不作，觀於天地之謂也。今彼神明至精，與彼百化，物己死生方圓，莫知其根也，扁然而萬物自古以固存。六合為巨，未離其內；秋毫為小，待之成體。天下莫不沉浮，終身不故；陰陽四時運行，各得其序。惛然若亡而存，油然不形而神，萬物蓄而不知。此之謂本根，可以觀於天矣。」

天地有創育萬物的大美卻不自言其功，四時有明分秩序的規則卻不自議其得，萬物有化成生滅的道理卻不自說其理，聖人推原天地的大美而通達萬物的道理，所以至人順任自然，大聖不妄自造作，這是觀法於天地的緣故。天地靈妙精純，參與萬物的千變萬化，萬物的生、死、方、圓，都是自然的演變，沒有誰知道它的根源，萬物蓬勃生長，自古以來就存在著。天地四方是巨大的，卻超不出道的範圍；秋毫是微末的，卻依恃道而自成形體。天下萬物沒有不沉浮變化的。不會終身永遠固定。陰陽四時按照自然的規律運行，各有順序。大道冥然彷彿不存在而確是存在的，自然產生不見形跡而有神妙的作用，萬物受它化育而不自知。這就稱為本根，了解這個道理，就可觀察天道了。

道永遠都是靜靜地，所降下來的能量也是靜靜地在我們的周邊，這是「以靜為下」，道以靜為下，而我們是動的，所以我們在動的時候要跟著自然界的變化走，才能吸取道的能量。

人生是苦海　回頭是岸

道在天地間主宰了這麼大有形有象的宇宙，我們從道母來到天下這個有形有象的地方，回到虛空境界時，不會受到損害，因為虛空是安靜、平穩與好運的。在物質界，有使人心情愉悅的音樂，使人感受到美味的食物，從道母那來人世間體驗的我們都只是過客，不可沉迷於感官意識的享受，這些都要停止並回歸於道源。通過虛空境界的出入口回歸道的本體，是平淡且沒有味道，你看不見道的著落點，聽不到道的落腳地，因為道皆在我們的周圍與我們同在，自然的道源沒有固定的地方，而且道的自然能源不會停止，取之不竭、用之不盡。

在古代只有皇帝可以祭拜天，而百姓是祭拜土地，因為在帝制時代皇帝稱為天子，奉天承運，皇帝講話代表上天的意思，也代表著天的運作，所以百姓是無法祭天的，古代是農業社會，百姓是靠耕作過生活，土地與百姓的生活是息息相關，因此百姓祭拜土地，以求農作物豐收。「皇天后土」，「皇天」指的是皇帝祭拜的天，「后土」則是指百姓祭拜的大地，「后」代表女性，女性為坤，坤亦是地為順，大地之母，所以稱為「后土」。

讀書人或當官者，要瞭解宇宙的玄妙，天文地理都要知道，才能夠輔佐皇帝（君王），而耕作的百姓只需要知道二十四節氣，知道何時耕作種植就好，當時是依照所謂的「農曆」

來配合「二十四節氣」耕作農作物。「農曆」是以月亮繞著地球走的行度來計算，即是「陰曆」，「二十四節氣」是以地球繞著太陽走的行度做計算，是為「陽曆」，中國的曆法是非常精準，而且是陽曆與陰曆共用。

修道者不可以不知道「乾坤門戶」，要知道「道」是從以前就有了，且須明白「天地」、「陰陽」、「剛柔」，也得瞭解「八卦」。現在八卦的卦爻都是橫的，其實以前卜卦用的龜甲上自然界陽能的符號是畫直的，坤則是畫橫的兩段，代表陰，代表陽光直射到我們地面，即是這一點太陽真精直射到大地裡面，然後開始消長、新陳代謝、生生不息的運作，這是修道者一定要明白。

人的身體毀滅時，自性是不歿的，是要回到原來的地方復命，為什麼要回去復命？因為我們從原來的地方來到人間，在人間歷練修為完成契約後再回去復命，所以自性回歸來處復命後，便不會永遠淪落於人世間。

以德服人　心悅誠服

《老子．道德經》：「小國寡民。使有什伯之器。而不用。」福地福人居，住在福地的人皆是有福者，福報是因為有德性而產生的，小國展現了德性，因為國君實施於仁政，仁君有德性，使全國百姓皆有德性，當有德性的人聚在一起時，自然就不需要用到軍隊，因為不會去強佔別的國家，而別的國家也不會來侵略，有德性的人是不用軍隊來防衛自己的國家，到哪裡都一樣，因為到每一個地方都會展現出自身的德性，有德之人以德性當作武器。

《禮記．大學》篇有此一章：「《秦誓》曰：『若有一个臣，斷斷兮，無他技；其心休休焉，其如有容焉。人之有技，若己有之；人之彥聖，其心好之；不啻若自其口出，實能容之，以能保我子孫黎民，尚亦有利哉！人之有技，媢嫉以惡之；人之彥聖，而違之俾不通；實不能容，以不能保我子孫黎民，亦曰殆哉！』唯仁人放流之，迸諸四夷，不與同中國。此謂『唯仁人為能愛人，能惡人。』見賢而不能舉，舉而不能先，命也；見不善而不能退，退而不能遠，過也。好人之所惡，惡人之所好，是謂拂人之性，菑必逮夫身。是故君子有大道，必忠信以得之，驕泰以失之。」

《秦誓》中說：「如果有一個臣子，心思真誠而專注，沒有其他過人的才能，但他的心胸寬大，很有包容的雅量。別人有專門的本領，就如同自己有一般。別人的才能、學識出眾，他會衷心喜歡他們。對他人的美言，就像是從自己口中說出一樣。就靠這包容的德性，保護了我的子孫，百姓也同樣得到好處。而另一臣子，看到別人有什本事，即心生嫉妒而厭惡他。別人才能、學識出眾，就加以阻撓，使它無法傳到上位者耳中。此種人實在是容他不得，因為他不能保護我的子孫和百姓，這是很危險的。只有靠有仁德的人來放逐這樣的人，將他們驅逐到四方蠻夷地區，不讓他們居住在中國。這就是所謂『只有有仁德的人，能夠喜歡人，憎惡人。』看見賢能的人而不能推舉，或是推舉了又不能讓他早點出人頭地，這是命運。但看見不好的人而不能黜退他，黜退了又不能疏遠他，便是自己的過失。喜歡別人所厭惡的，厭惡別人所喜歡的，這是違逆人性，必有災禍臨身。所以領導國家的人，有一根本法則，一定要盡心做事、誠實不欺才能走在大道上，獲得成功。若是行為驕縱、傲慢，則已偏離大道，必然招致失敗。」

修持正道如同喝白開水沒有味道，而旁門左道則是花樣多，正道雖是對的理念，但是支持正道理念卻很少，因為要以聖人居之，要成為不為自身利益而以眾生為利益的有德者，須將自己的功德施捨於眾生，但是要成為大國則會先以本身利益為主，吸納眾生及吸納眾生的資源，「私心」與「德性」是不一樣的。「正道」與「修道、培德」有關係，在物質方面是少欲望的，不會過度追求物質，但是精神方面是富裕的，我們要降低自身的物欲，往精神方向修持，以「培德」來提高自身的自性。

明辨眞假　貴在自知

世界上一切漂亮的顏色，能讓你心盲意亂導致想去追求一切想要的而產生貪慾之心，就會盡情所能的想要去擁有它，此時已失去該有的行為與軌道，做出不道德的事，墮落在人世間，讓你的意志消沈，因為後天追求的慾望而忘了先天的自性。美妙的聲音會讓人陶醉在那種音樂的境界裡，心就不能自拔，好的聲音令你心生歡喜，但也阻礙了你努力前進的路，許多的味道是為了滿足我們的味蕾，好吃的東西使我們心生歡喜。

顏色、聲音與口慾在我們生活中佔了很大的一部分，眼睛一睜眼就想要看到好看的，而眼睛帶動耳朵就想聽到好聽的話，之後就會想吃好吃的，民以食為天，慾望隨之增加，開始追求奇珍異獸，這是無窮無盡的慾望。追求所要的一切會讓人發狂，心有所屬、心有所向，一直在盲目的追求五音、五色、五味，這些是人所追求的物慾，追求慾念、盲目追求，無法分辨正道或旁門左道也會讓心發狂。

《莊子．駢拇》篇：「且夫屬其性乎仁義者，雖通如曾史，非吾所謂藏也。屬其性於五味，雖通如俞兒，非吾所謂藏也。屬其性乎五聲，雖通如師曠，非吾所謂聰也。屬其性乎五色，雖通如離朱，非吾所謂明也。吾所謂藏者，非仁義之謂也，藏於其德而已矣。吾所謂藏者，非所謂仁義之謂也，任其性命之情而已矣。吾所謂聰者，非謂其聞彼也，自聞而已矣。吾所謂明者，非謂其見彼也，自見而已矣。夫不自見而見彼，不自得而得彼者，是得人之得，而不自得其得者也，適人之適，而不自適其適者也。夫適人之適，而不自適其適，雖盜跖與伯夷，是同為淫僻也。余愧乎道德，是以上不敢為仁義之操，而下不敢為淫僻之行也。」

大意為：「將自己的本性綴連於仁義，即使如同曾參和史魚一樣，也不是我們所謂好的，強迫其性綴連於甜、酸、苦、辣、鹹五味，即使如同俞兒那樣精通，也不是我們所謂好的；強迫其性屬於五聲的，即使如同師曠那樣通曉音律，也不是我們所謂聰明的；強迫其性屬於五色的，即使如同離朱那樣通曉色彩，也不是我們所謂精明的。我所說『好』的，不是仁義的意思，是要好在能自得；我所說『好』的，不是仁義的意思，是要能任從他性命的真性情；我所說『聰明』的，不是說他聽得見別人，是要能聽得見自己；我所說『精明的』，不是說他能看得見別人，是要能內省自己；倘若不能夠看清自己，只看見別人，不能安於自得而向別人索求的人，這就是索求別人之所得而不能安於自己所應得的人，也就是貪圖達到別人所達到而不能安於自己所應達到的境界。要是安逸別人的安逸，而不能夠安享自己本性的安逸，那盜跖同伯夷都同是過於偏僻了。我有愧於宇宙萬物本體的認知和事物變化規律的理解，因此就上一層說，我不能奉行仁義的節操，就下一層說，我不願從事偏僻的行為。」

人生最難做到的事即為——人最難認識自己。

「滌除玄覽」能量要用無形界的力量來過濾，挑選好的，去除壞的。看老子《道德經》

是以「層次」來看，不是以角度來看，角度是「同層次」，只是切入點不一樣而已，「層次」是階層性，看是用哪一個層次來看老子《道德經》。

德性倫理

宇宙產生了星球，再由星球產生人類的生命，從不易一直演化、進化到變易成有萬物的形成，所有的動物、植物皆是由水開始的，地球經過爆炸後形成了山、川、海，因此地球百分之七十為水，百分之三十為陸地，動植物最早是從沼澤開始演化的，由苔蘚經過時間長河慢慢地演化成灌木、森林，水中生物演化成兩棲生物與陸地生物，由此可知不管是動植物或是人的靈性、肉體皆是由水而來，此演化是要經過非常長的時間，以人類的智慧是無法得知宇宙是從何時開始的，更無法預知宇宙將會何時結束。

不過只要宇宙中有一顆星球稍偏離軌道，即會產生天災，如果人心沒有「仁義」的話，將會造成人禍，因此人要存「仁義」遵循天理，要柔情似水，我們的情要如同上天的的德性一樣，如水一般的柔弱，因為萬物皆是由水而來。

《禮記．哀公問》：「哀公問於孔子曰：『大禮何如？君子之言禮，何其尊也？』孔子曰：『丘也小人，不足以知禮。』君曰：『否！吾子言之也。』孔子曰：『丘聞之：民之所由生，為大。非禮無以節事天地之神也，非禮無以辨君臣上下長幼之位也，非禮無以別男女父子兄弟之親、昏姻疏數之交也；君子以此之為尊敬然。然後以其所能教百姓，不廢其會節。有成事，然後治其雕鏤文章黼黻以嗣。其順之，然後言其喪算，備其鼎俎，設其豕臘，修其宗廟，歲時以敬祭祀，以序宗族。即安其居，節醜其衣服，卑其宮室，車不雕几，器不刻鏤，食不貳味，以與民同利。昔之君子之行禮者如此。』公曰：『今之君子胡莫行之也？』孔子曰：『今之君子，好實無厭，淫德不倦，荒怠傲慢，固民是盡，午其眾以伐有道；求得當欲，不以其所。昔之用民者由前，今之用民者由後。今之君子莫為禮也。』」

大意為：「有一次，魯哀公向孔子請教說：『所謂大禮是怎麼回事？為什麼有道德修養的君子談到禮時，都會表示尊敬和重視呢？』孔子很謙虛地回答：『我是一個普通人，還不夠資格了解禮的意義。』哀公說：『你不必謙虛，請先生盡量說吧！』孔子只好回答說：『據我所知，社會群眾所以能夠維繫共同的生活規律，其間的因素應該以『禮』為重，如果沒有禮的儀式，就沒有適當的儀式來事奉天地神明；沒有禮的等差，那就無法分辨君臣貴賤，上下長幼等不同的地位了！沒有禮的界線，我們更不可能區別男女、父子、兄弟等這些複雜的親屬關係；或是婚姻往來之間親疏遠近的社會關係了。正因為如此，所以有品德修養的君子才會對禮那麼地尊敬和重視。然後再以他們所能領悟的道理來開導群眾，使他們基於其重要性的了解，不致廢棄這些禮儀儀式的運用。如果這些事奉天地，分辨君臣，區別男女的禮事，都已經推廣實行而有相當成效之後，接著再加以細密地雕琢，文彩的修飾。等到人民都已經奉行習慣之後，再慢性地要他們講求禮數的細節，居於上位者不但用『禮』來教導人民如何節儉，對自己的生活也同樣加以檢點約束，不得流於華麗奢侈，以求與人民享安和樂利的生活。以前的君主都是這樣來推行禮教的。』哀公說：『現在的君主為什麼沒有這麼做呢？』

孔子說：『現在的君主，往往貪財好貨而不知滿足，行為放縱任性而不知節制，從不關心人民的生活而態度又傲慢，向人民徵收賦稅又像要刮得乾乾淨淨似的。違反群眾的意願而處罰堅守正道的人，只求個人欲望的滿足而不擇手段。從前的君主是用前面所說的方式來對待人民，而現在的君主卻是用後面所說的方式來對待人民，所以現在的君主不可能有人肯實行禮教了。』」

現代國家，社會群眾共同的生活規律，往往都是靠法律和宗教來維繫；在先秦時代，既沒宗教又不重視法律，那時的國家體制和社會人心，完全靠「禮」作為維繫的重心。由此重心產生了外在的秩序觀念，和內含的道德觀念。當秩序和道德觀念能發揮其功用時，則政治定，生活安樂。所以孔子特別強調禮治教化，希望藉此開導哀公，以求能實現儒家的理想政治。

「聖人」是有德者，亦是修道者，修道者修德、培德是要在常規之下，不要標新立異。修道者最怕的是「佛魔」，就如披著羊皮的狼，包藏禍心，出門在外都慈悲，一旦回到家裡，對待家人卻是凶惡的一面，魔性就出現了，這是一種假慈悲，所以修道者一定要表裡一致。修道者要度化眾生，雖然修道者本身在培德當中，但是還是要救不知道修道的眾生，讓他們的自性可以回到本位，不要再次成為靈魂，再次輪迴。「道」不會放棄人，因為我們都在道中。

柔勝剛　弱勝強

道在天謂之「陰陽」；道在地謂之「剛柔」；道在人謂之「仁義」；所謂的「柔勝剛」指的是地之道，地是創生，在地之道當中的有形物質皆是非純陰純陽，皆是陽中有陰，陰中有陽，所以稱為「剛柔」。「弱勝強」是說將不必要的慾望都減弱，少慾會勝過慾望多的，慾望少的話，自性會催動我們的內五行之氣，讓五行之氣相生與外在五行相呼應，但是慾念越強的話，就會損耗我們的生命，並將外在五行之氣擋在身體之外無法進入，慾望越強生命越短，越沒有慾望身體越健康，就能夠返老還童，長命百歲，當我們延長了生命、身體也都調整好了，就能吸取天地日月的精華，增強自性的靈氣，借假修真來成就自己，所謂的「假」是指四大假合「地水火風」，人的肉體是「地水火風」構成的，這個肉體百年之後就會滅亡，「真」是指「自性」，即是五行靈子的精華。

慾望好或不好需要靠教導，要學習道德而行之，做好五倫，這樣才能守規矩，便不會產生不好的慾望。《禮記．儒行》：「儒有不寶金玉，而忠信以為寶。不祈土地，立義以為土地。不祈多積，多文以為富。難得而易祿也，易祿而難蓄也。非時不見，不亦難得乎？非義不合，不亦難蓄乎？先勞而後祿，不亦易祿乎；其近人有如此者。」

儒者從來不以為金玉是可貴的，而認為能具備忠信的美德才是可貴。從來沒有想過要買田置產，而以能建立是非觀念當作立身之地。從來不要求財物的多多積蓄，而以能多學到些詩書六藝，這才算是富有。這些人是很難加以羅致的，然而卻很容易以正當的報償請他來任職於朝廷，為國家做事；雖然很容易請他在朝廷任職，但卻又很難用高官厚爵來供養他。因為如果不是適當的時機，這些人往往晦藏隱退，不願表現自我，這不是很難加以羅致嗎？如果在上位者不守道義，這些人一定是合不來的，這不是很難用高官厚爵來供養的嗎？他願意先為國家做事，而後才取用自己應得的報酬，這不是很容易請他在朝廷任職嗎？所以儒者的容易和人親近，往往是這樣子的。

此要義為：「儒者只重視忠信、道義、詩書六藝之類，不與人爭，所以很容易和一般人親近。在上位者如果能符合治事的原則，誠心為國家社會謀福利，儒者沒有理由不來，所以和任何人都一樣地容易親近。不過唯一條件就是一定要合乎做人做事的基本道義才行。」我們要除去慾望，不要華麗，如同「樸」，生活簡簡單單，思想單純，以仁義厚持著仁義禮智信的信，回歸於元亨利貞的乾，乾在中間，然後回歸於先天，所以我們要培德行德、要行仁義禮智信。

盡其在我

知道與了解人的日常生活及行住坐臥，則是一位智者，了解人與人之間的關係，或是利用本身日經月累的經驗來告知後輩，這是屬於自己本身的智慧，智慧是經驗的累積、是循環不變的道理，就像看到天出異相便可知道會有事情發生，這是所謂「智慧的預知」，所以能夠將所知道的變成文化傳承下去的人，那就是一般說的有智慧者，但是這是在講形而下的功夫。

「形而上，形而下」出自於孔子的「周易繫辭傳」，形而下即是實相界，就是我們看得到的有形世界，包括人、動物、植物；形而上是指虛空境界。

天下萬物孤陰不生、孤陽不長，一切的物類非純陰純陽，皆是陽中有陰、陰中有陽，萬物都會毀滅，這是在形而下所有物類的狀態。我們要去了解自然界的循環與這些相存在的道理與作用，把它記載下來，轉化成為智慧再傳承下去，智慧是靠累積、一代傳一代而保存的，就像中華文化就有五千年的傳承，這也是智慧，現在的科技及文明皆是智慧的結晶。

《禮記・儒行》篇：「儒有今世與居，古人與稽；今世行之，後世以為楷。適弗逢世，上弗援，下弗推，讒諂之民，有比黨而危之者，身可危也，而志不可奪也。雖危起居，竟信其志，猶將不忘百姓之病也，其憂思有如此者。」

儒者有的雖然是跟現在的人生活在一起，卻經常考察古人的行為方式，作為自己做事的依準；保持中正之道行之於今日社會，經常想著要為後世留下楷模，言行方面極其謹慎嚴厲。如果沒能遇到政治開明的時代，在上位者不賞識他，不能予以援引提拔，下面的人不了解他，不能加以推舉薦用；還有些喜歡造謠生事，藉以討好諂媚的人，聯群結黨地對他加以陷害，在這種情形之下，最多也只能傷害到他的身體，卻絕對改變不了他原有的心志。

雖然在日常生活中受到些困擾，但在行事作為上終究還是本著心意，照直去做，不受他們的影響。即使在最艱難的狀況下，他還是念念不忘老百姓的困苦，想辦法為他們做點事。儒者憂國思民的胸懷，往往就是這樣子的。這種「盡其在我」的心胸，正是中國儒者的寫照。

修道者不要標新立異，讓人感覺與眾不同，也不要自認為已得道，道行很高深，便顯示人，修道者應該要像稻穗一樣，越飽滿越重，要像竹子一般，高風亮節。不管是在有形界或是在無形界，人與神，肉體與靈性，皆需要培德，要用德性規範一切的行為。

知者不言　言者不知

知道的人不說，不知道的人卻一直說，有一句話說「知易者不卜」，知道《易經》八卦的人不占卜，因為已知道自己的吉凶，所以不會為自己卜卦，也不會為別人卜卦，因為知者不言，一看就看得出來，很清楚的知道，水清魚就現，但是水深魚現，則是不祥，所以不要學到了半桶水便開始虛誇，也不要人云亦云，事情不經過一番求證及體悟，就以訛傳訛傳達出來。

中國的道家與印度的佛教、顯宗、密宗有很大的淵源，顯宗、密宗也在講內息法，但是這是元神的內息及內耗，無法向外拿取能量補充，他們的修練口訣是單傳獨授，但是這個「訣」從好幾千年傳下來，是否正確也不知道。修道者得到方法後會去驗度，經過驗度而成道的人都不會講，但是當成道者要布道於眾生時，會將自己驗度成道的過程與方法傳授於眾生，一直講自己已經成道的人，卻沒有實際驗度的方法與過程，其實都是沒有成道的，因為知者不言，言者不知。

知者不言，言者不知的意思是要守靜、守住精氣神，瞭解精神好處的人，會緊閉嘴巴不多話，因為講話會耗散精氣神，而一直講話的人則不知道精氣神的好處，反而將自己的氣息不斷的耗散出去，修道者最重要的即是精氣神，因為對自己內修的功夫很重要，精氣神渙散會損傷內修的功夫。

《莊子．知北遊》有此一段：「人生天地之間，若白駒之過郤，忽然而已。注然勃然，莫不出焉；油然漻然，莫不入焉。已化而生，又化而死，生物哀之，人類悲之。解其天弢，墮其天袠，紛乎宛乎，魂魄將往，乃身從之，乃大歸乎！不形之形，形之不形，是人之所同知也，非將至之所務也，此眾人之所同論也。彼至則不論，論則不至。明見無值，辯不若默。道不可聞，聞不若塞。此之謂大得。」

人生於天地之間，像白駒掠過孔隙，忽然而已，萬物蓬蓬勃勃，沒有不生長的，變化衰萎，沒有不死去的。順應自然變化而生，又順應自然變化而死，生物為之哀傷，人類感到悲痛。其實，死不過是像解開自然的弓套，毀壞自然的劍囊，紛紛消散，魂魄將往，形體隨著消逝，這是返歸大本呢！由無形變成有形，由有形返於無形，這是眾人所同議論的，得道的人是不議論的，因為議論不能求得大道。從明處尋就不會遇見，辯說不如緘默。道是不能聽聞到的，聽聞便不如塞耳不聽，這才是真正得道。我們的心態一定要調整好，要知道什麼是正道，將自己的心念、心智整理好，認清正道，因為旁門左道與正道很相似，如不了解正道，很容易就迷失了。在修行、修練功夫時，能有人在旁邊告知對與錯，不會走偏，是最重要的，如沒人在旁邊叮嚀，稍微偏差一點，差異性會很大，所謂的失之毫米差之千里，再加上外面道聽塗說的很多，很容易就偏離了正道，因而錯失自性回歸本位的機會，那可是得不償失。

不虛此行

太極生陰陽，陰陽開始消長、新陳代謝、生生不息，月球有消長，即是朔與望，上半個月為消，下半個月為長，地球運行於太陽軌道也有消長，即是一年中四季的消長，立春、立夏、立秋、立冬。秋天的風吹起來很涼爽，但是因為沒有水的滋潤，會比較乾燥，秋天的屬性是屬金。立春的風比較濕潤，因為有雨氣。

二十四節氣的冬至是一陽生開始，由地底產生震動散發熱氣，熱氣升到雲層遇到冷空氣就下雨，所以春風是濕潤的，代表著「生機」。冬至代表陰極而陽生，夏至代表陽極而陰生，這是四季的消長，「日月光陰任消長」這是一年消長，消長才能新陳代謝、生生不息，人也要新陳代謝、生生不息，將舊的、不好的細胞汰換成新的細胞。為吾有身是指我們的肉體（質）；吾無身是指我們的自性；自性是一個靈體，是五行靈子的精華，靈附著在質當中成為一個人，而人可以吸取能量。能量有自然的能量以及食物的能量。

先天八卦是既定的，是天地水火山澤風雷的自然現象，乾坤是父母卦（天地），生六子（水火山澤風雷），我們要與自然同在，利用自然界的一切屬性來幫助吾身及自性，當我們有身時則要趕快，當我們無身時那時想要也得不到了，我們有好的身體則要明白如何用，身體是用在修行上，並不是只用於結婚生子、工作上、襲明傳承，家庭溫飽是必然的，但是還有另一個「無身」，修行亦須顧及到五倫的倫理，因為這是我們的功課，要好好把握目前的環境狀況，要用「仁義」，「仁」是兩個人組合，仁是道德，「義」指的是父母、兄弟、夫妻等五倫關係的義務，把家庭的事當成是自己的義務，要把家庭的責任承擔下來。

從以前到現在的成道者是與自然界同在，將自性回歸於自然、回歸於道中。我們要利用自然及有限的肉體來成就自己的自性。當你成道之後，要如「道」一般地厚德載物，道最好的德性就是生天下的萬靈萬物以及創造日月星辰，「道」上惠其下，受惠於萬靈萬物，這是道的慈。「自然」不屬於任何人，所有的人都可以親近修持，知道修道的便會與修道之人在一起，不知道要修道的則與凡夫在一起，凡夫不開智慧，因而無法明白自然界的奧祕，也無法得到道，這就是所謂的「物以類聚」的意思。

我們修道、學道要求進步，且要不恥下問，實事求道，老師希望各位都能「同於道者、道亦樂得之，同於德者、德亦樂得之」，彼此都是好的道伴，互相提攜，彼此向道而行。

圓滿人生

我們維持生命的能量有兩種，第一種是太陽的熱量（靈子），另一種是食物的熱量，這兩種能量不能只重視其中一種，兩種皆要平衡，因為一個是肉體維持生命所需的能量，另外一個則是自性所需的能量，兩者一定要平衡，才能夠延續生命。「修道」為的就是要延續肉體的生命，來成就我們的自性，肉體的生命延續越久，自性的功夫則會越深厚，因為我們在學習中會不停地演變，如同宇宙的演變進化，多活一天則是進化一天。

天、地、人以人為最尊貴，在天地之間，人能夠負陰而抱陽、吸收陽陰的能量，如果沒有了肉體會是萬般的無奈，因為什麼都不能做，因此我們要從有為而無為，從現在開始學習延續自己的生命與自性的成長，用有為的意識功夫吸取宇宙的能量成就自性，「留得青山在不怕沒材燒」。一般人大多認為，做好事或舖路造橋就是行善做「公德」，但內心卻一直祈求著上天，希望上天能給予更多的回報，於是一直說自己做了多少「公德」、做了多少善事，不但如數家珍，還口沫橫飛的四處宣揚，這種行徑無非就是想得到更多的報酬罷了。若是抱著這樣的想法來做「公德」，就是對「公德」的認知產生了偏差，離「公德」是會越來越遠，因為做「公德」的先決條件是要有一顆善良的心與利益眾生慈悲的心來做為出發點。「公德」

是要集合大眾的力量去利益眾人，並以眾人能享用到為目標，而不是單憑個人的一己之善。所以「公德」是眾人共同付出的行為以成就眾人的善行。然而「功德」又是什呢？修行是功、身心清淨是德；滅除內心的愚癡是功、智慧的產生是德；德者得也，修行有所得，故曰「功德」。也就是說，經由自己修持得道後成為一個有賢德的人，然後去影響其他眾生，這是內在的修持功夫，乃是「得道真人」必經的一種試煉過程，而用此種功夫去渡化沉淪在世間的眾生，且使眾生的靈性回歸本位，讓眾生明白與了解宇宙的真諦，進而追隨「得道真人」心性法門的修持與心法的運用，這就是「功德」。

「功德」與「公德」一定要並行，要有內在「功德」的心性法門，再加上外在「公德」的善行與利益眾生，才能成道。如果沒有具備的話是成不了道的，但是如果是在以一人之功利益於眾生時，要以「公德」為基礎，以眾生之利而利益於眾生。如果功夫的功德沒辦法做到也沒關係，可以以眾生之利而利益於眾生，一樣可以成道。「培德修道」既可傳給下一代且能渡化眾生，我們攜手一起到達彼岸、又能圓滿人生，也算不虛此行了。

柔弱不爭

在這宇宙當中，有物開始混成之後，先產生天後有地，道是非常的寂靜，單獨靜靜地在那，不受環境或其他因素而有所改變，所有星球圍繞著它運轉而不會毀滅，就如小周天跟隨著大周天一起運行，就不會有任何的危險。「道」生天生地生萬物，是為「萬物之母」，沒有人知道祂的名字，「道」也只是代名詞而已，道的範圍包括人的肉眼能看得到與看不到的範圍，在看不到的地方皆已超出人可以想像的範圍，因此不論遠近、看的見或看不見的，都包括在道源裡，所以道大、天大、王亦大。「王」是我們的自性，對人而言自性最大，我們的自性要回歸原來生我們的地方，回歸本位，所以要了解自然界所有的一切，才能了解自己的王及域中所有一切的眾生、天地，然後呼應宇宙，讓自性回歸於自然。

《莊子．刻意》篇：「夫恬惔寂漠，虛無無為，此天地之平，而道德之質也。

聖人休休焉，則平易矣，平易則恬淡矣，平易恬淡，則憂患不能入，邪氣不能襲，故其德全而神不虧。聖人之生也天行，其死也物化，靜而與陰同德，動而與陽同波。不為福先，不為禍始，感而後應，迫而後動，不得已而後起。去知與故，循天之理，故無天災，無物累，無人非，無鬼責。其生若浮，其死若休，不思慮，不豫謀，光矣而不耀，信矣而不期。其寢不夢，其覺無憂，其神純粹，其魂不罷，虛無恬淡，乃合天德。悲樂者德之邪，喜怒者道之過，好惡者心之失。故心不憂樂，德之至也，一而不變，靜之至也，無所於忤，虛之至也，不與物交，淡之至也，無所於逆，粹之至也。」

大意為：「恬淡、寂寞、虛空、無為，這是天地賴以均衡的基準，而且是道德修養的最高境界。聖人總是停留在這一境界裡，停留在這一境界也就平淡而無難了。能安穩恬淡，憂愁禍患就不能進入，邪氣也不能侵襲；因而他的德完整而精神絲毫不虧損。聖人生於世間順應自然而運行，他的死，是無所系罣像蛻化一樣，一動一靜都隨同陰陽，出於無心，凡事不提倡，不為幸福的先進，也不作禍患的開始，感受著了方纔響應，機會迫到了方纔動作，不得已方纔起來，去掉智慧與機巧，順著天理，所以沒有天災，沒有物累，沒有人的是非，沒有鬼的責備，他生存好像浮著，他死去如同休息，也不思想，也不預先計畫，有光彩並不炫耀，有信實而並不固執，他睡著了不做夢，醒了也沒有憂愁，他的精神不雜亂，魂靈不疲勞，空虛恬淡，這才合天的德。所以說，悲哀歡樂是德的不正，喜悅忿怒是道的過錯，嗜好惡嫌是心的過失，心不憂愁歡樂，是德的極點，能純一不變動是靜到極點，心中空洞沒有絲毫的違忤，是空虛到極點，凡事都任聽其自來，沒有與事物交接的心情，是淡泊到極點，胸中不雜一點汙濁的人欲，就沒有覺得不順的，這是純粹到極點。」

修道要實修實練，不與別人比功夫、比大小，擷取別人的好，才能事半功倍，也才能配天合地；自性回歸到本位稱為「配天」，德性要配天，如天地一樣厚德，修道者本身要厚德，學習道母「厚德載物」的德性。

精進修持

一個道德至上的人能夠成為聖人，聖人就可以稱為「神」，「神」是奧祕之意，老師之前有提到「道、神、德、行」，「道」是自然，「神」是「奧祕」，要用德去行神的奧祕，我們自性的神要通往道的神，道的神就是奧祕，也就是自然的奧祕，我們自性的奧祕要與自然的奧祕相配合，亦是說我們的小周天要跟宇宙大周天相結合，才能夠讓我們返老返童、返璞歸真。

「玄」即是道，而道是自然，自然就這樣「發生」了，地為「創生」而人是「好生」即是「三生」，發生之後開始創生，天生我們的靈性，地養育我們的肉體，天地人合而為一成為一個人，我們人是來自於上天的靈性、地的質，攝取天地之間的能量，才能夠存活下來。人的肉身滅亡時，物質歸於土，而我們的靈性則回歸於本位，靈性是所謂的「靈子」，我們人的靈子是最精密、最精華的，能夠配合五行之氣運作，地有地的五行，天有天的五行，天一生水，第一生水星，第二生火星，第三是木星，第四為金星，第五則為土星。

天是由水開始，而我們人體（質）也有五行，人體叫做「質量」，我們的質有質的五行，我們的心臟屬火、腎臟屬水、肝臟屬木、肺臟屬金、胃屬土，這是人的五行，而我們的五行須合天上的五行之氣，即所謂的「還虛五行合七政」。人需要兩種能量，一種是太陽的能量，另一種是吸收食物營養的熱量，這兩種熱量在維持著我們的生命，一種是在維持我們的質，一種是在維持我們的靈，但是我們的靈子一定要靠這兩者互相交替維持，如果肉體滅了，則塵歸塵、土歸土，但是我們的自性不會死，自性將回歸於我們的本位，可是如果我們沒有修持的話，也回歸不了，仍會在人世間繼續輪迴。

《禮記．儒行》篇：「溫良者，仁之本也；敬慎者，仁之地也；寬裕者，仁之作也；孫接者，仁之能也；禮節者，仁之貌也；言談者，仁之文也；歌樂者，仁之和也；分散者，仁之施也；儒者兼而有之，猶且不敢言仁也。其尊讓有如此者。」

大意為：「儒者所具備的美德還有很多，譬如說溫和善良的本性，那是由於他已經具備了『仁』的本質；誠敬謹慎的心意，那是由於他已經具備了『仁』的基礎；寬大裕厚的心胸，那是由於『仁』的內在作用；謙遜退讓的氣度，那是由於『仁』的外在作用；威儀舉止，合乎節度，那是『仁』的修養表現；言之有物，談論中肯，那是『仁』的文章風采；內心平靜安樂，發而為歌詠吟唱，那是『仁』的修養已達到平和境地的效應；德行不斷地累積儲蓄，同時也能發散出去，照耀別人，那是『仁』的修養已達到相當水準後，自然會有普遍施與的現象。這些美德，儒者其實都已經兼而有之，然而他們尚且還是不敢說自己所做的一定都能合乎『仁』。儒者的恭謹謙讓，往往就是這樣子的。」

「培德」要把我們的德性培養好，才會有好的德性，修道不要受到環境的影響而終止了修持，不要讓自己有藉口想休息而暫停了修行，修持是不能停歇的，再忙碌也要修持，不要因為環境因素而中斷了修德修道的心，修道之心要不斷的向前邁進才可。

秀威經典　新視野31　PE0125

李憲鳴（雲子）用玄學談智慧的啟發

作　　者／李憲鳴
責任編輯／辛秉學
圖文排版／周好靜
封面設計／王嵩賀

出版策劃／秀威經典
發 行 人／宋政坤
法律顧問／毛國樑　律師
印製發行／秀威資訊科技股份有限公司
114台北市內湖區瑞光路76巷65號1樓
電話：+886-2-2796-3638　傳真：+886-2-2796-1377
http://www.showwe.com.tw
劃撥帳號／19563868　戶名：秀威資訊科技股份有限公司
讀者服務信箱：service@showwe.com.tw
展售門市／國家書店（松江門市）
104台北市中山區松江路209號1樓
電話：+886-2-2518-0207　傳真：+886-2-2518-0778
網路訂購／秀威網路書店：http://www.bodbooks.com.tw
國家網路書店：http://www.govbooks.com.tw

2017年2月　BOD一版
定價：320元

國家圖書館出版品預行編目

李憲鳴(雲子)用玄學談智慧的啟發 / 李憲鳴著.
-- 一版. -- 臺北市 : 秀威經典, 2017.02
面；　公分
BOD版
ISBN 978-986-94071-5-1(平裝)

1. 道德經　2. 研究考訂　3. 玄學

121.317　　105025606

讀者回函卡

感謝您購買本書，為提升服務品質，請填妥以下資料，將讀者回函卡直接寄回或傳真本公司，收到您的寶貴意見後，我們會收藏記錄及檢討，謝謝！

如您需要了解本公司最新出版書目、購書優惠或企劃活動，歡迎您上網查詢或下載相關資料：http:// www.showwe.com.tw

您購買的書名：________________________

出生日期：________年________月________日

學歷：□高中（含）以下　□大專　□研究所（含）以上

職業：□製造業　□金融業　□資訊業　□軍警　□傳播業　□自由業

□服務業　□公務員　□教職　□學生　□家管　□其它____

購書地點：□網路書店　□實體書店　□書展　□郵購　□贈閱　□其他

您從何得知本書的消息？

□網路書店　□實體書店　□網路搜尋　□電子報　□書訊　□雜誌

□傳播媒體　□親友推薦　□網站推薦　□部落格　□其他________

您對本書的評價：（請填代號　1.非常滿意　2.滿意　3.尚可　4.再改進）

封面設計____　版面編排____　內容____　文／譯筆____　價格____

讀完書後您覺得：

□很有收穫　□有收穫　□收穫不多　□沒收穫

對我們的建議：________________________

____

____

____

請貼
郵票

11466
台北市內湖區瑞光路 76 巷 65 號 1 樓
秀威資訊科技股份有限公司 收
BOD 數位出版事業部

....

（請沿線對折寄回，謝謝！）

姓　　名：＿＿＿＿＿＿＿＿　年齡：＿＿＿＿　性別：□女　□男

郵遞區號：□□□□□

地　　址：＿＿＿＿＿＿＿＿＿＿＿＿＿＿＿＿＿＿＿＿

聯絡電話：(日) ＿＿＿＿＿＿＿＿　(夜) ＿＿＿＿＿＿＿＿

E-mail：＿＿＿＿＿＿＿＿＿＿＿＿＿＿＿＿＿＿＿＿